誰でもうまくいく！
教務主任の
仕事術

中條佳記 著

JN103906

黎明書房

はじめに

──教務主任必須のノウハウ，考え方，対処法に至るまで書きました

　教務主任を学級担任と兼務して4年経ちました。

　教務主任の仕事は，勤務する都道府県や市町村，学校によっても大きく違ってきます。全国の知人に尋ねてみても，返ってくる仕事内容は，似ているものもあるけれど，「えっ？」と思うことが多々ありました。

　しかし，校内における存在意義は，どこであっても同じだと思います。学級担任はじめ，先生方の代表であることに違いはありません。さらに言えば，教師集団の要であることは，どこの学校であっても揺るがない事実です。それは私立学校でも同じです。

　今回の『誰でもうまくいく！　教務主任の仕事術41＋α』を書くにあたり，これまでの公立小学校勤務時に経験した，管理職とのやりとり，先生方とのコミュニケーション，保護者・PTAとの会話，関わった子どもたちとの関係を遡りつつ，執筆を進めていきました。

　ミドルと呼ばれる年代が希少な昨今です。どこからどこまでが，ミドル世代なのか，はっきり線引きするのは難しいですが，ある日，「ミドルリーダー」という呼び名がついていたあなたが，学級担任をようやく終えようとしている3月に校長室へ呼ばれ，「来年度は教務主任を頼むよ」と学校長から伝えられたとしたら……，あわてることなくこの本をまずお読みください。

私が経験したこと，そこで培ったノウハウ，考え方，対処法などなどを，この1冊にまとめてあります。

　本書が，勤務する学校をこれから背負っていかなければいけないあなたの背中を少しでも押すことができ，教務主任の仕事をしていく上で，少しでも助けになれば，幸いです。ただし，背負いすぎは，絶対禁物です。

　教え子にも，教員を目指している，もしくはすでに教員になっている子たちがいます。心身ともにすり減らすときも出てくるかもしれませんが，まだ出会っていない子どもたちのためにも，すでに出会ってきた子どもたちのためにも，自分の仕事を改めて振り返り，誇りある仕事として，頑張っていってほしいと願っています。この1冊が，その一助となれば，これほどの幸せはありません。

　　2021年1月1日

　　　　　　　　　　　　　　　　　　　　中條佳記

目　次

Ⅳ　教務主任の総合的思考術　*81*

I

教務主任の上手な職場調整術

教師のまとめ役かつ代表であれ
―I'm not 管理職―

① 職員室にいる先生方の代表であることを自覚すべし

きっと座席は職員室の前方に位置するでしょう。校長，教頭と肩を並べ，大相撲の３役のように座りますが，あくまで先生方の代表です。隣のお二方とは，立場が違うので，自分の立場を弁えつつ，自分の仕事を全うしましょう。

② 自分は管理職ではないことを自覚すべし

先生方からよく相談を受けます。ですが，勘違いをしないこと。自分はあくまで教務主任です。管理職では，ありません。判断に迷ったら，躊躇なく，管理職に助けを求めるか，答えかねる旨をお伝えしましょう。もちろん，教師代表のゼッケンはつけているので，先生方の頼りになるように，日々尽力しましょう。

③ 先生方が日々困らないように立ち回るべし

普段から，目を配り，気を配り，声をかけていきましょう。何気ないことでよいのです。朝早ければ「寒いね～」「元気？」「体調どう？」「週末，飲みに行きません？」などなど。

ただ，話しかけているだけでは，頼りになりません。先生方が困ったときほど，自分に何ができるのかを考えることが大切です。

公（会議や打ち合わせ）には相談できないことを，こっそり相

談されることもあります。一人ひとりの悩みや相談に乗れることも信頼を得る近道です。

④　何ごとにもチャレンジし，率先して取り組むべし

　若手が増えている昨今，あなたは，どんな状況下で教務主任を引き受けていますか。

　中堅（ミドルリーダー）として，あなたは期待されています。校務分掌だけでなく，普段の何気ないときにも率先して動くこと，話しかけることで，その姿を手本としようとする若手が出てくるはずです。もちろん，ベテランの先生方も見ているはずです。

　さぁ，「忙しいなぁ」「若手よ，動け！」と考える前に動いてみましょう。

⑤　先生方からのお願い事は，二つ返事。「YES」か「はい」

　「先生，ちょっといいですか？」と尋ねられることが増えてきます。教務主任の仕事のみであれば，余裕の気持ちで，「はいはい」と答えられるかもしれません。しかし，兼務していることが増えると，「YES」「はい」で答えにくい状況も出てくるはずです。しかし，そんなときこそ，力を発揮する場面です。

　自分の仕事（学級，学年など）をさし置いて，相談にわざわざ来てくれたのです。そんな先生の相談を親身になって聞くことを，優先しましょう。

　学級で子どもたちが相談に来たときと似ていますよね。ずばり，相手は人なのです。おろそかにしては，いけません。

2 時間割の調整で考慮すべきこと

① 専科を優先？　それとも，特別支援を優先？

　4月には，1年生から6年生までの時間割を作成します。月曜日から金曜日までです。

　私がまず調整したのは，音楽科，家庭科（どちらも専科が多い），理科，体育科，外国語などです。特別教室と言われている部屋を使う授業を優先しましたが，特別支援学級の子どもたちの動きも視野に入れながら，調整もしました。特別支援コーディネーターの先生とのやりとり，外国語担当の先生とのやりとり（ALT が来校する曜日も考慮する）をおろそかにせず，進めます。

② 枠が決まれば，あとは委ねる

　月曜日から金曜日までの全学年全学級の枠が埋まれば，職員会議で提案し，始業式までには調整を終えられるようにします。

　提案すると，一人で作成しているより，多くの目で見ることになるので，「こうすれば？」「こうしてみれば？」という意見が出てきます。ただし，個人的な都合で，時間割を変更されるのは全体に影響が及びますので，聞きすぎないように気をつけます。

③ 色分けすべし

　枠が埋まり，時間割が決定してくると，表にしても見分けがつ

きにくくなってきます。そこで，学年別，教科別などに枠を色分けしていくと，見分けやすくなり，重なりや見落としが少なくなってきます。もちろん，必ず色分けをしろと言うわけではありません。あくまで，混乱を避けるための工夫ですので，試しにチャレンジしてみましょう。

④ 調整後の細かい枠組みも意識せよ

調整後，何が大切か？　と問われれば，学級同士のブッキングによる特別教室などの取り合いです。実際に時間割通りに動かず，ブッキングする学級も出てきます。例えば，正規の時間で図書室を利用していると，他学年の児童が雪崩のごとく流れ込んできたり，正規の時間に運動場で体育をしていると，突然，他学年の運動場流入があったりと。「ごめーん。半分だけ使わせて！」と声をかけられると，「あっ，いいですよ」と返事します。子どもたちの手前，「えっ？　無理です」とは言いにくいです。

というわけで，ある程度，調整が進んだ段階で，図書室はじめ特別教室，運動場など，2学級以上が使用しても大丈夫かを検討する必要があります。

⑤ 微調整は常にすべし

学校行事はじめ，日々の学年別の取り組みによって，時間割はどんどん変更されていきます。もちろん，柔軟に，臨機応変に時間割を変更していける学級こそが，力のある学級です。

事前にわかっているのであれば，全体の場で確認し，調整して，時間割の作成を進めていくことが大切です。

3 校時の管理は子どもの安心感に繋がる

① チャイムは，学校生活のリズムをつくる

　学校生活を送る上で，時間の管理，つまり校時（始業から終業まで）を調整したり，管理することは大切なことです。子どもたちの，「チャイムが鳴る＝○○が終わり，△△が始まる」という気持ちの切り替えにおいても，非常に重要なことです。

　私は，通常，月曜日から金曜日まで，特別な行事がなければ，4月に作成した一週間の校時表をもとに，校時通りにチャイムを鳴らす設定を行います。時計を読めない低学年の子どもたちがいたとしても，チャイムの音を聞くことで，安心して学校生活を送っていけます。そして，「今は○時間目の終わりか」「次は○の準備をしておこう」などと考えられるようになっていきます。

② 校時の管理で気をつけること

　月曜日から金曜日まで通常授業であれば，特に気にすることはありませんが，以下の2点は気をつけておくとよいことです。

1）特別校時

　午後から，研修会が入っていたり，個人懇談などの行事が入っていたりすると，午前中に3ないし4時間，授業を実施する学校がほとんどです。その際，45分授業で行うのか，40分の短縮授業を行うのか，休み時間は何分確保するのか，給食の有無，清

掃時間は確保するのかなども考慮しつつ，完全下校時刻から逆算して設定していきます。

　設定後，管理職の先生方に確認し，先生方へ告知します。この一連の流れを当日やっていたのでは，とてもじゃありませんが間に合いませんし，学校全体が混乱してしまいます。前もって，準備しておくようにしましょう。

2)　チャイム OFF

　土日は休日ゆえに，設定もしていないので，チャイムが鳴ることはないでしょう。しかし，祝日や振替休日の際は注意が必要です。土曜参観の振替休日や創立記念日など，平日がお休みになる場合，チャイムを OFF しておくようにしましょう。

　また長期休業に入る際も同様です。近隣のお宅のことも考え，配慮していけるとよいですね。

③　チャイムが鳴らないと，不安になる!?

　特別支援学級に入級していたり，発達障害があったりする子どもの中には，とても繊細で，敏感に感じ取ってしまう子がいます。

　終業の時刻になっているのに鳴らなければ「チャイムが鳴らないよ〜」とパニックを起こしてしまうかもしれませんので，設定もしくはON・OFF は，慎重に，丁寧に作業し，実行していくように心がけていきましょう。

4 出張を調整して穴をなくそう

① 先生方の出張の把握は管理職と協同

　先生方は，校務分掌のもとで，各部会に所属し，各教科の担当が振り分けられています。そんな中で，年間どれほどの数の出張依頼が届くでしょうか。先生によっては，校内の分掌以外にも，市区町村，または都道府県の研究会に所属していたり，また講師として依頼が来たりと，いつ，どこから出張依頼が来るのか，読めないときもあります。そこで，学校に依頼文書が届くと，まず管理職（主に教頭）がチェックし，いつ，誰が，どこの出張に行くのかを把握します。その後，依頼が来た先生方の手に文書が届き，出張伺い文書を提出するといった流れです。

　その際，教務主任として，どの先生が何月何日の何時から出張に出かけるかを把握し，もし学級担任であれば，その空いてしまう時間を空白にするのではなく，他のどの先生がサポートできるのか，または代わりに授業できるかを調整しなければいけません。

　その空いた時間に，学級で何をするのかは，学級担任から授業内容を記したものを出張伺い文書とともに，事前に教務主任に提出してもらっておくとよいでしょう。

② 丸１日また２日間の穴はどうするのか

　「先生，６時間目だけ，お願いできますか？」というお願いを

されたときには，対応は6時間目ならびに帰りの会，下校会で，子どもたちが下校するまでを意味します。

全国的に見て，研究会をはじめ，研修会などの集まり，各教科による部会などは秋から冬にかけて増えてきます。そうなってくると，2人，3人と抜けることになり，学校内で人手が足りなくなります。そして，「困ったなぁ」ということになり，「ちょっとパスしようか」や「代わりに○○さんに行ってもらおうか」ということになります。そうならないためにも，事前に，出張で空けることがわかっている場合は，学級担任，もしくは学年集団で計画打ち合わせをしておいてもらうことが重要です。

また，どうしてもカバーしきれないときは，教務主任（ただし，学級担任と兼務している場合を除く），教務主任の手に余るなら管理職というように，空いた学級をフォローしていくことが肝心です。丸1日，2日間，一人の先生がずっと入りっぱなしでは，他の仕事に支障をきたすこともありますので，1～2時間ごとや午前と午後に分けるなど，負担がかかりすぎないように工夫したいところです。

③ 出張帰りの先生方に声掛け

もし直帰されず，職員室へ戻られた先生には，「出張，お疲れさまでした。どうでしたか？」という声かけも大事ですね。そして，その先生は自分の学級がどうだったのか，知りたいところですから，誰が代わりに入ってくれていたのか，どんな様子だったのかを伝えてあげましょう。

5 担任でない教師との関わり① 専科

① いかに，専科の先生とコミュニケーションをとるか

　4月当初，各学年各学級の時間割を考えていくときに，専科（専門教科）枠をどのように配当するのかが，大きな課題です。学校によりけりですが，例えば，音楽科，図工科，家庭科，理科などは専科枠があれば，そこにあてられるでしょう。ときには，社会科であったり，算数科であったり，場合によっては体育科や国語科（書写）なども，専科として当てはまるときがあります。

　基本的には，教務主任という立場で，時間割をはじめ，みんなをうまく回そうとすると，専科枠は避けて通れない課題であり，必要なことなのです。そこで，日頃から，専科を担当してくださっている先生方とは，よくコミュニケーションをとり，日々の教育活動がうまく進むように配慮していくことが大切です。

　専科という立場の，公立小学校の先生を例にしてみましょう。

　A先生の場合。1週間の持ち時間を見てみましょう。英語11時間，算数11時間（5時間，TT6時間），理科3時間。週当たり25時間。専科の先生とは言えど，ほぼ学級担任の持ち時間と同じです。管理職はじめ，教務主任がしっかり見ておかないと，その先生はオーバーワークになりかねません。

　さらに，担任から「専科の先生にお願いしよう」的な発想で仕事が舞い込むかもしれません。こうなってくると，仕事の比重が

傾きすぎて，専科の先生自身が疲弊しかねません。そうならないためにも，仕事の仕方のアドバイスや重くなりすぎないような配慮が必要ですね。

　一方，K先生の場合。1週間の持ち時間は，音楽20時間。3～6年生の音楽を担当しています。ですが，空いている時間は，何かしら仕事を見つけて動いたり，他の学級のフォローにまわったりしてくださっていました。そんなときは，「いつもありがとうございます。ところで，先生，何か困ってることないですか？」とよく声をかけるようにしていました。

②　ときには，ディープな話を

　学級担任ではないからこそ，各学級の子どもたちの様子を冷静に，かつ客観的に見取れるのも，専科の先生です。教務主任として，この先生方の情報は貴重と捉え，こまめに集めるようにしておくとよいでしょう。子どもたちのことが見えていない担任や，担任がどのように子どもたちと関わっているのかなど，なかなか見えてこない部分が見えてきます。問題を明確化させる意味でも，専科の先生方とディープな話をしていきましょう。

　もちろん知り得た情報は，信頼の名のもとに，トップシークレットです。そして，問題があるのであれば，改善させるために，どうすればよいのか。問題が大きくなりすぎる前に，手立てを講じることこそが，教務主任の手腕の見せどころです。

　ぜひ，動いてみてください。常々，思考をめぐらせ，ステキな学校，最高の子どもたちを育てるための一助となっていきましょう。

① 養護教諭は，基本一人職ゆえに……

　校内での保健業務を一手に引き受けているのが養護教諭です。誰にも相談できないまま（打ち合わせ，会議などでは提案しますが，それまでの間という意味です），学校運営の上で，健康診断，二測定（身長と体重），体重側定はじめ，健康安全・体育的行事を中心となって進めていく役割を担っています。

　その養護教諭と教務主任との関係はどうあるべきでしょうか。

　学級担任は，養護教諭とコミュニケーションを取るべきであるし，取るのは当然のこと。しかし，なかなか取れていないというのが現状かもしれません。そんなとき，養護教諭から相談や質問を受けて，校長や教頭に対して，物申す立ち位置でもあるのが，教務主任です。一方的に頼られてばかりなのは，いかがなものかと思いますが，養護教諭の立場に寄り添い，アドバイスや，ときには一肌脱ぐのも，教務主任の役割ではないかと思います。

　養護教諭と学級担任の関係性，その調整を誰がするのか，考えだすと大変ですが，「あぁ，それのことね」と気軽にやりとりできるように，日頃から両者とコミュニケーションをとるようにしましょう。

② 各学級を見ているからこそ，純粋に見立てを聞く

　不登校児，精神的不安定児，日々の怪我，体調不良を訴える子ども，何気なく保健室を訪れる子ども（なにかしら不安であり，不満がある子ども）など，各学級の気になるあの子は，保健室を訪れています。学級担任，保護者，友だちなどとうまくやっていれば，保健室をのぞく必要がないはずです。

　しかし，何かしらの安定を求め，ホッとしたい，聞いてほしいからこそ，保健室を子どもたちはのぞくのでしょう。それほどのポジションである養護教諭と教務主任は繋がっておいて，決してマイナスにはならないはずです。

③　どう関係性を紡ぐのか

　頭の中で計算してみても，どうすることもできません。教務主任として，管理職や学級担任との関係はどうか，気になる子どもの情報はシェアできているのか，困り感は出ていないかなど，あれこれ思案しながら，養護教諭と関わっていくのがよいと思います。

　養護教諭は基本的に一人職ゆえに，孤軍奮闘です。陣中見舞いじゃないけれど，「日々，お疲れさま。で，最近困っていることはあるかい？」と話しかけることが大切です。何もなくとも，日頃からコミュニケーションをとり，ささいなことでも情報をシェアしておきましょう。

　教務主任として，保護者が期待し，頼りにしてくれる学校・学級を作ろうと，相当意気込んで取り組んだとしても，現実問題として，チームを意識して，他の職員とどう繋がっていくのか，どのように情報をシェアし，子どもたちの育ちに繋げていくのかを考えていかなくてはならないでしょう。

7 担任でない教師との関わり③ 事務員・校務員

① 一教師として，やりとりしよう

　校内において重要な役割を担い，縁の下の力持ちとして活躍してくださっているのが，事務員と校務員です。

　事務員は，教師本人に関わる事務（給与，手当，保険，出張，その他手続き諸々など）を一手に行ってくれています。おんぶにだっこ状態で，私も多くの部分で助けられてきました。書類の記入方法がわからなければ，すぐに「○○さん，これってどう書けばいいですか？」なんて声をかけると，いつも丁寧に教えてくれました。特に年末調整のときには，毎年のように尋ねていました。「いい加減，覚えろよ」と思われていたかもしれませんが。

　また校内のメンテナンスはじめ，修繕，清掃など，気づいたことをどんどんしてくださるのが，校務員です。学期末ごとに，各教室，特別教室のメンテナンス，備品の修理・交換など，なんでも引き受けてくださっていました。言わば，校内の何でも屋さんです。

　教務主任として，これほど心強い存在はありません。一部の方は，「先生じゃないから……」などと，線引きされる方もいましたが，私の中では，常に同志であり，職種，呼び名は違っても，尊敬すべき存在でした。

②　仕事の役割を見極めて，相談しよう

　あくまで，事務員，校務員として働いておられる方々に，100％頼るわけにもいきません。もちろん，わからないこと，頼らざるを得ない分野については，相談し，仕事をお願いするときもありました。

　ただ，彼らは表立って会議の場で発言できない立場のため，「先生から言ってもらったほうがいいわ」という内容の相談を受けたときは，私から先生方へ提案させてもらうこともありました。

　お互いに，気持ちよく，かつ効率的に仕事をしていこうとするのであれば，明確にボーダーを作るのではなく，「う～ん，わからん！」ということは相談し，「これは，こちらで処理できるか」ということについては，自分で解決，解消していくことが大切でしょう。

③　感謝の気持ちを忘れずに

　私は，学期終わりや年度末終わりには，彼らのところに必ずお礼に行きました。「うまくいったのは，あの人たちのおかげ」という気持ちは 19 年間，欠かすことなく持ち続け，忘れたことはありません。やはり「うまく仕事をまわしていただき，あれこれしていただいたおかげです」という心の中での感謝を明らかにすることは，よい関係を築くうえで欠かせないことでした。

　来学期へのステップ，来年度への繋がりを大事にし，目の前の子どもたちのためにも，事務員・校務員との関わりを大切にしてきました。これを読まれた方は，ぜひ明日から実践していただきたいですね。

8 職員会議の案件作成は根回しから

① 前年の案件をもとに検討

　職員会議において，教務主任から提案する案件は，各校によって，それぞれあることでしょう。４月スタートであれば，年間授業日数や時間割の調整，授業時間数の表作成，儀式的行事の企画立案など，とにかく前年に提案した資料に目を通します。教務主任２年目以降は，前年の資料をもとに加筆修正していけばよいでしょう。

　また，新たに教務主任のポジションに就任した先生は，前年度の教務主任から，引き継いで資料を作成していけばよいでしょう。

② 部会で案件を練る

　教務主任個人で考え，提案できる案件については，特に問題があるわけではありません。

　しかし，部会から上がってくる案件には，職員会議の提案前に意見も述べ，他の先生方がどんなことを考えているのかを知り，そこから部会の主任と協議し，案件を完成させなくてはいけません。出しゃばりすぎず，正解が何なのか手探りしながら提案まで準備していきましょう。各部会の主任が一人で抱えすぎないように，さりげなくサポートする意思を伝え，できた案件を見せてもらうことも怠ってはいけません。

　そして，校内運営委員会で案件を上げた後，一旦部会，もしく
は学年部会に戻して，職員会議へという流れで進めていきます。

　何事も，下ごしらえが大事であり，準備に8割ほど比重をかけ
ておくと，あとの作業や提案が安定してきます（部会については，
42ページを参照してください）。

③　全体へ出す前に，根回し必至

　根回し，忖度も必要なときがあります。ましてや，職員会議で
提案する文書については，皆が周知のことであれば，事が進むの
は早いです。一人でも納得できない，理解できない先生がいない
ように，前もって，校内運営委員会や，学年の先生方と情報を共
有しておくべきです。

　若い頃，その行為を怠ったことで，職員室でベテランに叱られ
たことがありました。しなくてもよい行為かもしれませんが，や
らないより，やったほうがメリットが多ければ，やるべきです。

　「先生，ちょっといいですか？」と，関係している人たちへ声
をかけるのも，根回しに繋がります。

　いよいよ全体への提案日。完了した根回しと，まとめた内容を
たずさえ，自信をもって会議に臨むとよいでしょう。なぜならば，
それまで時間をかけて，準備してきたのですから。

　もちろん，提案丸ごと却下になることもあるでしょう。ここま
ではOKをもらい，ここからは要検討するなど，見極めは大事で
す。決められることは，その職員会議の場で決定していけばよい
と考えます。

9 儀式的行事の司会で全校指導の手本となれ

① マイクの前では，一呼吸おいて

　校内における儀式的行事は，1学期始業式を皮切りに，1年間通して行われ，最後は3学期修了式で締めくくります。時系列で見ていくと，入学式，1学期終業式，2学期始業式・終業式，3学期始業式，卒業証書授与式と並ぶでしょう。その際，マイクの前に立ち，全校児童生徒の指導及び，式の司会を行うのが教務主任です（学校によって，教頭先生が行ったり，高学年担任が行ったりすることもあります）。

　マイクの前に立てば，緊張もしますし，え〜と，次は……と考えることもあるでしょう。しかし，忘れてはいけないことは，子どもたちの前に立ち，全体指導をしているという自覚です。そのためにも，一度深呼吸です。さらに，何も考えずにその場に立っては，指導するチャンスを自ら逃していることになります。学級指導や学年指導ではなく，全校指導です。1〜6年生（中学1〜3年生）までの子どもたちを目の前にし，どのように指示し，説明し，行動させなければならないかを事前に考えておかなければなりません。

　例えば，体育館で式を行う場合，多くの子どもたちは学級担任に連れられて入場してきます。子どもたちは整列し，その場に座っていきます。全校揃いました。第一声は，何を子どもたちに伝えますか？　ザワザワしている？　シーンとしている？　走

り回っている子がいる？　そんなとき，「コラーッ！　何年何組だ!?」「うるさいぞっ!!」「いつまでしゃべっているんだ」もしも，こんな言葉でしか子どもたちを指導できないのであれば，素人です。我々はプロです。一瞬にして注目させる技，子どもたちを惹きつける技を身につけ，このような場で使えたら，先生も子どもたちも，ハッピーですよね。

　マイクに向かって「シーーーーッ」と小さい声で言ってみる。聞こえるか聞こえないかくらいの声から徐々に大きくしていく。すると，子どもたちは「ん？　何か聞こえる？」と耳を澄まし，少しずつ静かになっていきます。

　その後，私自身，いつも子どもたちに「ありがとう！」と伝えています。静かにさせたいのは先生の都合。だから，静かになったら「静かにしてくれて，ありがとう！」と声をかけています。ウィンブルドンの試合を見ていると，審判が観客に静けさを求めます。そのとき「Ladies and Gentlemen, Thanks.」と声をかけます。それを見て，なるほど！　と思ったわけです。

②　若手に見せる指導法

　こんなやり方ができるよ？　という提案型の式司会を常に行ってきました。若手の先生方が増えてきていますが，直接「○○したほうがいいよ」なんて，おこがましすぎて，言えませんでした。だからこそ，私の指導する姿を見てもらってきたのです。方法は，その先生に合ったやり方がベストです。ただし，怒鳴るのだけは厳禁。子どもたちにとっても，聞いている若手にとっても，ステキなアプローチの仕方を模索するのも，面白い試みだと思いませんか？

10 儀式的行事では縁の下の力持ち

① 決して表に出すぎない

　儀式的行事の主役は子どもたちであることに違いありません。式では管理職，特に学校長が登壇し，会場の全員に向けて話をします。校長はどんな話をするのか，自分の立ち位置はどこなのかを考えながら動くことが教務主任には求められます。

　コロナの影響で，各教室で式を行うという学校が増えている中，3密に気を配りながら体育館で行うのも，縁の下の力持ちである教務主任の手腕にかかっています。

　どのように式を進めるのか考え，管理職に提案してOKをもらうためには，教務主任として綿密に計画を立てておくべきです。そして，その提案内容を職員全員に披露し，理解納得を得ておかなくてなりません。

② 事前の職員の役割分担

　当日の朝に，「○○先生は，何をするんだったっけ？」「○○先生は，空いてるかな？」「○○は，どうしたらよかったかな？」という質問をよくしてくる管理職がいました。誰がどのように動くのかを職員会議で提案し，前日または当日に伝えていても確認してくる方が数名おられます。そんなとき，「以前言いましたよね？」「会議録，読みましたか？」「今頃，聞いてきて，どうするんですか？」「あぁ，

それは○○ですよ」など，やりとりをしていても，式は開催されます。こういった時間の無駄を省くため，当日朝に短い時間でも，全教職員が職員室へ集合し，最後に確認をすることが必要です。

　例えば，担任外のＡ先生。「学年所属が○年生なので，○年生集団と一緒に動きます」といった具合です。もちろん，一人ずつ確認していては時間が足りませんので，「以前の職員会議でお配りした案件をご覧ください。ご自分の役割を今一度，ご確認ください。何か問題があればお知らせください」とアナウンスすると，誰も傷つかず，丁寧に事が進みます。

③　頭を下げることを厭わず

　「先生すみません，○○してもらっていいですか？」という声かけを事前にできるといいです。なぜならば，予行演習などを通して足りないところが出てきて，そのつど修正が必要になるからです。最初に大枠を提案しますが，細かい動きは先生方の協力なくしては成立しないのです。ならば，事前にアドバイスを受け，全体に周知し協力をあおいだほうが，仕事のやりくりがうまくでき，よほどスムーズに進められるはずです。

　儀式的行事は，校内イベントとしては，厳粛に，そして，価値あるものにしていく必要があります。そうならば，「みんなで作り上げていく」姿勢をつらぬくべきです。一人も欠くことなく，行事を執り行うために，「よろしくお願いします」という気持ちを忘れずに，事を進めていきましょう。子どもたちにとっては，一生に一度の儀式的行事です。その場に関わる先生方が力を発揮しないで，どこで発揮するのでしょう。

11 全担任が作成する指導要録の管理

① まずは校長先生から

指導要録については，12月ごろにまずは校長先生から提示があるはずです。ときには，教育委員会の指示で，提案を待つことがあるでしょう。特に新1年生のために念入りに準備しなくてはいけません。

新入生を迎えるにあたり，前年度から指導要録の用紙を準備します。氏名，住所，保護者氏名，出身園（校）など，これまでは手書きが主流でしたが，近年は印刷するか，データ化されつつあります。データ化され，一括管理されていることにより，記入作業の手間は減り，教員の作業時間が減るはずです。大幅に事務作業時間が減ることは，教員にとってメリットです。

② 指導要録の管理は，学期ごと？

多くの現場では，指導要録を校長室の金庫から登場させるのは，年間2回。地域によって多少の時期のずれはありますが，6月前後の教育委員会訪問までに記入すべき内容をセットしておくときと，年度が終わる3月に年間の指導記録を記載するときに引っ張り出してくることでしょう。もちろん，仕事の速い先生は冬休みになって，年が明けるか明けないかのうちに，作業に入る方もいます。そう考えると，11月もしくは，12月の職員会議で，指

導要録への記入方法を教務主任から提案しておくとよいでしょう。

　ですが，4月，5月の職員会議で指導要録の記入方法を提案しておけば，先生方は自分のタイミングで記入していけるので，こちらがベターであることは一目瞭然です。

　指導要録は，学期ごとにチェックすることをオススメしますが，必要に応じて記入しておくことが肝心です。子どもたちの1年間の成長の記録を記載することが真意ですから，早かろうが遅かろうが，特に問題はありません。

　さらに言えば，これは6年生（中学3年生）担任が，中学校（高等学校）へ送る抄本となるものを作成する元になるものです。データ化することがベストな方法であると考えます。

③　管理するならば，かさばらないデータ化

　データ化するのであれば，管理体制が問われます。外部へ漏洩することは，絶対に許されないことです。個人で管理するのではなく，各学校のネットワークの中で管理されるものです。持ち出しできない情報として，制限をかけたり，セキュリティの強さを確保したりして，子どもたちの情報を保護することを学校として確立していく必要があります。

　「わかっているんだけどね……」という管理職の声が聞こえてきそうですが，躊躇している場合ではありません。教育委員会と協力し，子どもたちの個別情報を守るために，どのような対策が必要かを管理職，職員と議論を重ねていく必要があると考えます。○年，○十年，保存しておき，処分していきましょうという法律のもとに，どのような対応をしていけるのかを考えておかなければならないでしょう。

12 校務分掌の割り振りは管理職に委ねよう

① 校務分掌表は校長先生から

　校務分掌は，都道府県，市町村，私立など学校によって多少の違いはありますが，ほぼ同じような組織図が出来上がります。スタートは，校長先生からの提案で，大きく分けて，3つです。

① 　総務……主に学校運営に関わるもの。校長先生，教頭先生が担当します。
② 　学務……教務主任を中心に，先生方が役割分担して担っていきます。
③ 　校務……庶務，管理，経理，渉外などを教頭先生，事務員，関係ある先生方で担当します。

　職員会議や学校運営委員会，いじめ対策推進委員会，学校地域運営協議会，地域コミュニティ，学校保健委員会なども，この校務分掌（②）の中に入ってきます。各主任は校長先生に決めてもらいましょう。主任が決まったら，細かい校務分掌を決めていきます。

② 限界値を超えてまでの適材適所は NG

　先生方が割り振りされた校務分掌が果たして機能していくのか。適材適所の役割配置となっているのか。心配ばかりしていても仕方ありません。お世話になった校長先生から，【与えられた立場がその人を育てる】という言葉をいただいたことがありま

す。やってみないと，わからない。やったことしか，わからない。やってみる！　Can I do？　より，How I do？

　例えば，特別活動部において，初めて主任を担当する先生には必ずフォローが必要です。副主任を据えて，協力体制を整えることで，一人が抱える責任や不安を少しでも解消できるかもしれません。任せるときには，任せきります。そうしないと，本人が自分事として考えません。しかし，そうは言っても，その主任や副主任が特に案件について深く考えず，事を進めた場合には，想定していなかった事象などが次々と出てきます。最終的には，取り返しのつかないことになるかもしれません。そうならないように，報告，相談，連絡を取るように促します。教務主任⇔特別活動主任⇔副主任のやりとりを大切にしつつ，特別活動部の先生方の動きや意見などを吸い上げていき，全体へ反映させていきます。

　しかし，すべてはマンパワーです。教職員が少ない学校では，一人がいくつも校務分掌を担当するという話はよく聞きます。先生方の気力，体力，能力の限界を超えないためにも，適材適所だからといって，いくつも校務を担当してもらうのは，ほどほどに。

③　そこは思い切って，先生方が決める校務分掌

　先生方が運営する校務分掌って，ステキですよね。先生方が受け身ではなく，自主的自発的で，責任感が芽生えるシステムとして，先生方で校務分掌を決めてみませんか。枠だけ大きなボードに貼り，先生方に「はい！　どうぞ！」と丸投げ。もちろん，無責任な決め方になるかならないかは，日頃の先生との関係性しだいですね。

13 授業参観時の準備では先生方と 保護者との架け橋となれ

① どこでしますか？　何を使いますか？

　授業参観は担任教師にとって，いわゆる見せ場であります。保護者の皆様に向けての絶好のアピール場面です。その授業参観において，学年で授業を合わせる（ここで言う合わせるとは，同じ教科，同じ単元，同じ場面にするという意味です）のか，各学級でそれぞれ担任が実施したい授業を行うのかは，学級担任，学年集団に委ねられているところが多いです。

　そこで，重要になってくるのが，授業を行う場所です。自教室で行うのであれば問題はないのですが，例えば，「○年○組は理科室で授業を行いたい！」となったときに，「△年△組も理科室でします！」となれば，ブッキングが起こります。そのようなことを回避するために，教務主任は事前に先生方や学年集団に，当日どこで授業を行うのか，確認，調整しておかなければなりません。

　もう一方で，校内にある備品について，問題が浮上してきます。例えば，大型モニター，プロジェクター，タブレット PC，電子黒板などの備品については，早い者勝ちにならないよう，各学級，各学年間で調整が必要となってくるでしょう。

　お互いに見せ場である授業参観で，学級担任や専科の先生方が最高のパフォーマンスを見せられる授業にするためには，調整は

必要不可欠な教務主任の作業となります。

② 元担任であった繋がりを活かそう

　今は教務主任であっても，昨年度まで？　いや一昨年まで？　学級担任であった先生は少なからずおられるでしょう。そんなとき，思わず授業参観後，学級懇談会後に，保護者に話しかけられることも出てくるでしょう。「先生，元気にしてるの？」「ちょっと，聞いてくれない？」「先生，（子どもの名前）元気にしてるけど，中條先生がよかったぁって言ってます」などなど。いろんな声が聞こえてくるのも教務主任だからです。

　そんなときに，自分が教務主任ならば，保護者に何て返事したり，声をかけたりするでしょうか。その子の学級担任が一生懸命頑張っているのであれば，援護射撃であり，サポートできる言葉を保護者に返せるはずです。もし頼りなかったり，努力されていなかったりしていたとしても，決して担任にとってマイナスになるようなことは口を慎むべきでしょう。

　管理職によっては，担任のことを下に下げたり，悪く言うことで，自分の立場を確保し，親から信頼されているのは私なのだと言わんばかりに保護者に答えている人もいるかもしれません。が，保護者はちゃんと見ているし，判断もしています。仲間を悪く言う人がいる職場に信頼関係は生まれにくいし，そんな先生のいる学校を保護者も信用してくれないのは当たり前のことです。

　教務主任として，先生方の良さをアピールすることはもちろんのこと，子どもや保護者と良好な関係を築くために，保護者とのコミュニケーションを大切にしていきましょう。

多忙時における仕事時短術

　教務主任の仕事を進めていく中で，忙しいときとそうでもないときがありますよね。ズバリ言いますと，忙しいときは忙しいのです。そんなとき，私が行ってきた時短術を2つ紹介します。

①　複雑な仕事ほど，簡単にしよう！

> 誰からの仕事か？　誰へアナウンスするのか？　いつまでに仕上げる仕事か？　誰に確認を取るのか？　何を形にするのか？

　仕事内容がハッキリ見えていないと，何をどうするのかが全くわからず，時間だけが無駄に過ぎてしまいます。メモ書きでもよいので，上記のことなどを一度書き出してみることをオススメします。

②　終了時刻を決めてから，お仕事スタート！

　終わりを決めたら，その時刻まで，その仕事に集中します。パソコンで入力するのか，手作業で行うのか。あれこれ他の仕事も考えてしまいますが，とにかく集中です。（仕上げるぞ！）という強い気持ちで進めます。

　もちろん，途中で声がかかる場合もあります。そんなときは，最高の笑顔で応えてください。

　その仕事を終えて誰かに渡せば，渡された人の仕事がスタートしますし，また自分自身にも次の仕事が待っています。ファイトです。

Ⅱ

教務主任の上手な企画対応術

1 年間カリキュラムの作成は
研修部とのタイアップ

① 決して一人でやるべからず

　善意のもとに,「よぉーし！　全学年,全教科の年間カリキュラムを作ってやるぞー」と意気込むのは勝手ですが,年間カリキュラムの作成は決して一人で行ってはいけない作業の一つです。
　理由としては,3つあります。
① 　全学年全教科の特徴,特性がそれぞれあり,専門性が問われてくるということ。
② 　研修部とタイアップしながら,全教職員で取り組むべきプロジェクトであること。
③ 　膨大な量のカリキュラムを作成する時間が圧倒的に足りないということ。
　まず,①ですが,各学年,各担任,専科の先生方は,それぞれ専門分野をお持ちのはずです。特にない,とおっしゃられる先生もおられるかもしれませんが,何年か経験してくると,「あっ,この教科おもしろいな」「あれ？　この教科もう少し研究してみようかな？」などと,考えがめぐらされていきます。そんな中で,年間カリキュラムを計画,作成していくのであれば,それぞれの先生方の得意を活かさない手はありません。忖度ではありませんが,事前に「国語,お願いしますね」などと声をかけておくのも,一つの手なのかもしれません。

②については，研修部の内部組織の構成によりますが，教科を分担する上では，タイアップしつつ，①の専門性を活かして教科の年間カリキュラムを組んでもらうのがベストでしょう。専門がなければ，仕方ありませんが。

　①，②と関係してきますが，③については，教務主任一人で決して抱えられる量ではありません。この年間カリキュラムを仕上げるのは新年度の最初です。もっと言えば，前年度の３月には完成させておかなければ新年度がスタートしても，学習を進められなくなります。早急に仕上げなくてはならない仕事の一つであり，大変重要なミッションです。決して一人でやろうとしないようにしましょう。

②　年度途中に変更は当たり前

　たとえ，教師側で真剣に綿密に，年間カリキュラムを作成したとしても，授業を進めていくと，相手は日々進化し続ける子どもたちですので，途中で変更が必要になります。計画は所詮計画です。来年度に向けて，今年度の，計画されている各教科，進度，内容について吟味しながら，修正していくことこそが，健全な年間学習プログラム作りなのでしょう。

　研修部とは密に連絡を取り合い，各学年ごとに，現段階でどこまで進められているかをこまめに確認し，状況を把握しながら，修正したり，アドバイスしたりしていくことをオススメしたいです。

　学級担任はじめ，カリキュラムに関わる人として，より素晴らしい授業となり，魅力的な単元となるよう日々の子どもたちの変化を楽しみつつ，今，何ができるか，何をしようかと考え続けていくことを決意するとよいでしょう。

2 どこまで出すの？ 保護者向け文書の作成

① どこから出すの？　何を出すの？

　教務主任として，保護者向けに配付する文書，いわゆる「お手紙」を作成します。学校によって配付する文書はそれぞれに違いますが，ベーシックなものとして例を挙げるとすれば，入学式，卒業式，始業式，授業参観・学級懇談会，家庭訪問，遠足や運動会など学校行事の案内文書などがあるでしょうか。

　すべて学校または学校長の名で作成しますが，実際に作成するのは教務主任です。そして，学校や学校長の名で外に出すために，管理職に必ずチェックしてもらいましょう。誤字脱字，表現の間違い，文面を見てもらうことで，正しい内容に整えることができます。

　逆に，申し上げにくいですが，信頼できない，信用ならない方が管理職におられても，形式だけと言っては叱られますが，『見ていただいた』という事実だけ残しておきましょう。後々，責任を問われることになりかねないので。まぁ，そんな重大なお知らせは未だかつて経験していませんが，日時，曜日の間違いは混乱を招きますので，くれぐれも注意してください。

② 積極的に，あれこれ作成してみよう

　年度の始まりの４月は，１年の中で最も文書類が多くなるもの

です。それは教員であればわかっていることであり，保護者の立場でもある先生方はご存知のことでしょう。そんな保護者向けの文書は，校長，教頭，教務，養護教諭，生徒指導担当，特別活動担当など，あらゆる担当が作成し，配付します。

さて，それでは，教務主任が作成する文書は，これとこれ，という明確な線引きはできるでしょうか。答えは NO です。校長先生責任の文書については，ひとまず置いておきます。教頭先生より後の文書については，関わっていくことができるはずです。

まずは，前年度までの文書をチェックすること。「あれ？　これは誰が作ったのかな？」から，スタート。文書の内容を確認すると，どこから出ているのかがわかります。もしわからない，忘れている場合は，積極的に尋ねてみましょう。

次に，担当の先生に「これ，作成まだでしたらお手伝いしましょうか」と声をかけます。以前，その文書がいつ出されたのかをチェックします。約 1 ヵ月半～ 2 ヵ月くらい前が作成し始める目安です。

最後に，担当予定の先生と文書を確認し，配付の準備をします。

③　文書作成したら，必ずすること

文書を作成したら，データ管理をすること。フォルダを作成し，先生方と共有します。その際に，データ作成日を必ずファイル名に入れます。そうしておくと作成日のチェックがすぐでき，来年度以降，文書作成にかける労力と時間を削ることができます。

3 各部会主任の調整役であることを 常に忘れるべからず

① 主任は，部会それぞれの長

　各学校には，校務分掌上，部会が存在し，先生方は分散して所属しています。部会を例に挙げると，教務部会，生徒指導部会，研究部会，人権教育部会，特別活動部会，保健体育部会などです。学校によっては名称が違っていたり，存在したりしなかったりする場合がありますが，概ね上記のような部会で構成されています。

　さらに，具体例を挙げて説明すると，それぞれの部会に，各学年団の先生方が分散して関わっていくといったシステムです。そうすると，Ａ先生は，教務部会，生徒指導部会，研究部会，保健体育部会と４つ掛け持ちという場合も出てきます。

　そして，４月の春休み中に，各部会別に先生方が集い，それぞれの部会が始動します。各部会の主任は，３月末もしくは４月最初に校長先生からすでに指名されており，部会始めに向けて，提案資料などを準備しています。

　さてそこで，教務主任は何ができるのか？　何をするのか？

　もちろん，教務部会の先生方をまとめ，運営していきますが，他の部会にも所属していくことが考えられます。その際に，所属した部会内で意見を述べることも大切ですが，所属していない部会については，その部会の主任と連絡を密に取って，どんな内容が話され，どのように進めていくのかを確認し，認識しておくと

よいでしょう。

　もちろん，すべてを把握することはできませんし，する必要も
ないでしょう（キャパ的にも，時間的にも厳しい）。しかし，知
らないよりは知っておくほうが，校務を俯瞰的に見られるので仕
事を進める上で，メリットが多くなるでしょう。

② あくまで調整役という立場を忘れるべからず

　教務主任という立場に就かれる先生方は，おそらくそれまでの
豊富な経験から，各部会の内容について，いろいろなことが見え
てくるはずです。さらに，見えてくるがゆえに，意見を述べたり，
求められたりすることも増えてくるかもしれません。どうしても
必要不可欠なことであれば，意見を述べればよいのでしょうが，
立場上，意見や考えが良くも悪くも通りがちになります。

　もちろん，子どもたちや学校にとって，プラスになることがわ
かっていれば，どんどん進めましょう。しかし，各部会に所属す
る先生方の思考や成長を止めてしまうかもしれませんので，自分
自身の立場を忘れず，あくまで調整役で，最終的には主任に任せ
ることや主任をサポートするスタンスを貫き通すようにしましょ
う。

　校内に主任者会議なるものがあれば，そこで調整することは可
能です。しかし，会議を増やしたり，会議内容を膨大にしたりす
るのを避けるためにも，常日頃から声かけし，情報交換をするこ
とで，微調整が行えます。自分に何ができるかを常に問い，先生
方のお役に立つよう，教務主任として仕事を進めていきましょう。

4 各部会に入り, 先生方の話し合いに参加せよ

① 教務主任も, 貴重な構成員

　各部会の長は主任であるが, 教務主任であるからといって, 教務以外の部会に入らなくてよいという決まりはありません。むしろ, 積極的に参加すればよいと思います。もちろん, 自分の仕事や分担ははっきりさせておいたらよいと思いますが, 部会に参加することで, 現場レベルの先生方の生の声が聞こえてくるので, 貴重な時間であり, 場であることに違いはありません。

　私も積極的に参加してきました。各部会を構成しているメンバーと部会の仕事内容の話をしつつ, 各学年から集合しているメンバー同士, 日々の情報交換もできていきます。職員室では聞けない話や, 今打ち合わせしておくべきことなど, 重要な内容の話をこれまでたくさん聞いてきましたし, 職員会議に繋がる情報を聞き合うこともできました。

② 自分の立ち位置でものを言ってはいけません

　教務主任であることを忘れず, あくまで学年代表として, それぞれの部会に参加しましょう。私の場合, 教務部会主任, 研修部会, 特別活動部会, 生徒指導部会と4つの校務分掌にまたがって務めていました。さらに, 学年主任を仰せつかった年もありました。学級担任をしながら教務主任という立場は, 校務分掌上,

非常にいびつな形であることはわかっておいてください。

　現場によって，もっと担当していますという声も聞かれます。その際，自分はどのように軽重をつけるかを考えておかねばなりません。担任クラスに手のかかる子が多ければ【学級担任】に重きを置くでしょうし，他学年で校外でやんちゃする子どもが多い場合は，【生徒指導】でしょう。正解はありませんので，そのつど，その場面での見極めが大切です。

③　聞く耳を持てていますか

　「中條先生，入ってください」と，よく声をかけていただきました。（話し合いに参加してください）という意味なのですが，私自身，どの部会に所属し，どんな話をしたらよいのだろうか，と悩むときがありましたが，実はそうではなかったのです。

　最初は，「よぉし，こんな話をしよう！」と意気込んでいましたが，肝心なことは積極的に意見を述べることではなかったのです。

　部会に入りますと，主任が話をし，提案をします。先生方が意見を述べます。もちろん，「そうじゃない」「こんな風に考えられる」など思考をめぐらせ，話を聞いて意見を言い，話を前に進めていきます。

　そんなとき，自分の発言が必ずしも正しいわけではありません。まずは，先生方がどのように考えておられるのかを聞く必要があり，聞いた上で，こうかな？　ああかな？　と意見を言ったり，意見を聞いたりしました。つまりは，相手の言い分をしっかり聞くことです。

5 緊急時こそ，職員配置に力を発揮せよ

① 緊急か，そうでないかの判断

　会議の案件は，それほど急を要することはないでしょう。緊急か，そうでないかの判断は，校長，副校長，教頭という管理職の判断が大切です。が，緊急を見逃されることがあったら，教務主任である自分が判断し，声を挙げなければなりません。

　それでは，事案によって，緊急か，そうでないかを判断する基準を示しておきましょう。

　ここでは，「子ども」が基準になると私は考えています。子どもにとって，それぞれ緊急に対応しなければいけないのかどうか。でも，これって，非常にシンプルだし，わかりやすいことだと思います。

　怪我をした，行方不明になった，大ゲンカしている，不審者に声をかけられた，などなど，日常の生活の中で，子どもにとっては急を要する事案は山ほどあります。それらの情報を教職員がキャッチし，どのように対応し，動いていけるかが，力量を問われるところでもあります。

② どう動くのか，誰と動くのか

　さて，事案が発生したときに，どう動きますか。

　事案についての情報が耳に入ったときは，管理職に声をかけて

おきましょう。もしかすると，管理職が判断し，指示が下りてくるかもしれません。万が一，管理職が動かず，しかし緊急事態だった場合，教務主任が判断し，職員に指示しなければなりません。子どもの命に関わることかもしれません。

例えば，子どもが帰宅していないと連絡が入った場合，誰が電話を受けたのか。その後，誰に情報を共有したのか。職員は子どもを探しに行きます。誰が職員室に残り，誰が車を出し，誰と誰がどこへ探しに行くのかなど，瞬時に判断し，指示を出して，混乱を避けなければなりません。その旗振り役を教務主任は，周りと協力しながら，スムーズに進めていかなくてはなりません。子どもの安全を第一に考えて。

③ 迷うより，動け

緊急時は，「どうしよう？」と考えてしまいがちですが，一瞬の迷いが命取りになるならば，迷わず，声を挙げ，指示を仰ぎ（指示を出し），案件に取り掛かることが第一と考えています。

動いたことにより，職員室で叱られた経験が私にはあります。しかし，「何が一番大事なのか？」と自問自答してきたからこそ，そのときすぐに動いたのだと思っています。

躊躇し，すべて後手に回るくらいならば，動いて子どもの安全を確保し，後で「何をしてるんだ？」と叱られたほうが，まだましです。もちろん，叱られっぱなしではなく，きっちり反論しますけどね。

6 文書の処理・対応は，校務分掌をもとに対応せよ

① 数多くの文書に目を通す

　教務主任は，校長，教頭から送られてくる文書に目を通す必要があります。文部科学省はじめ，都道府県教育委員会，市町村教育委員会，各教科部会，その他から大量に送られてくる文書に目を通し，印鑑を押していきます。

　すべて現場にとっては必要な文書なのでしょうが，語弊があるかもしれませんが，「本当にこれ必要か？」というものから，「えっ？　なんで今頃？」というものや，先生方に一日でも早く届けなければならない出張依頼文書などまで含まれます。

　私自身，心がけていたのは，管理職から送られてきた文書は，その日，そのときに印鑑を押し，先生方にすぐに届けることです。

② 待っている人がいる。優先順位を考えて

　私は何よりも先に，文書に目を通し，校務分掌表を確認して，「この文書は誰に届けるのか？」を常に考えて，すぐに机上に置きに職員室をまわっていました。

　トランプのゲームで，【七並べ】という遊びがあります。ルールは少しずつ違うでしょうが，作戦で，あえて１枚のカードを出さずに，相手が次に並べていくことを妨げるという方法がありますが，職員室でそうなってしまっては，先生方にとって大迷惑

となります。自分のところで，それらの文書を止めてしまわないためにも，私は自分の仕事のうちで何よりも最優先にして，文書に目を通し，ときには説明を加えながら，先生方にお配りしていました。そうすることによって，出張期日が迫っている文書にも対応できます。

　しかし，管理職が文書の流れを止めてしまっていれば，万事休すです。場合によっては，「○○の文書，届いていませんか？」と促すことも出てくるでしょうが，基本的には，まわってきた文書をスムーズに流していくことが大切でしょう。

③ 慣れてくれば，しめたもの

　教務主任として1年を経験すると，2年目からは「おそらくこの時期，あの文書が届くだろう」という予測ができるようになってきます。昨年度のことを思い出すと，「そろそろかな？」と考えられるようになったり，「あれ？　まだ来ていないな？」と思えるようになったりしてきます。そうすると，管理職に尋ねることができるようになったり，校務分掌上の担当の先生に確認できるようになってきます。

　時折，教務主任をすっ飛ばして，管理職から直接先生方や事務に文書が届く場合があります。最終的には教務主任はすべてチェックしないといけないので，手間はかかりますが事務の方に確認するのも大切です。「文書，返ってきていますか？」と。

7 年間行事予定は，あくまで予定である

① まずは年間行事予定表を作成しよう

　先生方がお勤めの学校では，年間行事予定表を誰が作成しているでしょうか。4月最初の職員会議のときに，1年間の行事予定表が机上に置かれているのでしょうか。おそらく多くの学校では，教務主任もしくは教務部，教頭先生が作成されているでしょう。

　もちろん，一人で作成したとしても，制作段階で先生方に尋ねたり，確認したりする作業が必要となります。きっと前年度のデータが残されているはずですから，それを活用しましょう。もし手元にデータがなかったり，形式を変えたりするときには，見やすいように作り直してもよいですね。

　さて，いよいよ改訂作業を進めていきます。12月，1月頃から作業を始めて，3月の時点で教職員に提案できると，先生方も次年度の予定を見通せますし，訂正，追加も可能になります。

　まず，次年度の日づけ，曜日の情報を修正します。次に，4月から決定している行事を書き込んだり，修正したりしていきます。基本的には，前年度実施したものは，次年度へスライドしていきます。

　例えば，2021年3月2日（火）授業参観・学級懇談会だったとすると，2022年3月2日（水）にスライドさせます。ただ，次年度が休日になる場合は，その日の前後で予定を入れてしまい

ます。遠足や野外活動，林間・臨海学校，スキー合宿，修学旅行などは，前年度に予約しておいたり，次年度に予約を入れたりしないといけないので，先生方と日程について，しっかり打ち合わせをしておきましょう。確定している行事から予定表に入れると安心です。

②　あくまで予定であることを忘れずに

　年間行事予定表が4月当初に教職員や保護者に配付されます。しかし，長い1年間の中で，変更しなければいけないとき，カットするとき，突発的に予定が入るときなどが必ず出てきます。今回のようなコロナウィルスによる休校措置を取らざるをえない状況もあります。そのときに，どんな対応をするのか。

　まずは，優先順位をつけて，相手がある場合，断りを入れた上で，延期，中止を伝えます。もちろん，保護者にもです。判断は早いほうが賢明ですし，教職員の合意をはかった上で，決断をしていきましょう。最終判断は管理職がしますので，先生方で議論し，意見をまとめた上で，判断をあおぐという流れです。

　『予定は未定』という言葉がありますが，常に状況は変わっていきますので，未定で済まさず，極力，迷惑をかけないように，失礼のないように，子どもたちにとって最善となる行事を精選し，厳選していくようにしましょう。

　ただ，行事についてはその学校が作り上げてきた文化があるでしょうから，やみくもに無くしていくのではなく，議論して，意見を出し合って，今の時代に適応した行事を残せるとよいですね。

8 チャイムの設定は，臨機応変に対応すべし

① チャイム設定をそもそもなぜするのか

　ノーチャイムの学校の先生方は，この項目を飛ばしてください。読まなくてもいいでしょう（笑）。だって，設定する必要がないのですから。

　さて，各校のチャイムシステムはどうなっているでしょうか。デジタルがほとんどでしょうか。香川県小豆島にある岬の学校のような木の板を使用している学校はもうないですよね。非常に趣があって私は好きなんですけど。

　パソコンで入力したチャイム始動時刻をコンピュータに読み込ませ，チャイムを設定します。それでは，なぜチャイムを設定するのでしょうか。おそらく，以下の３点が理由になるでしょうか。

　①　時計を見なくとも，授業の始業・終業時刻がわかる。

　②　教師も子どももけじめをつけられる（気持ちを切り換える）。

　③　時計がないところでも，音でわかる。

　まぁ，私はそもそも『チャイムって，いりますか？』という考え方を持っていますので，「子どもたちの自主自律の姿勢を養い，成長させるためには……」とおっしゃる方がおられても，何も思いません。が，要するにチャイムが鳴らなくても，今の時刻がわかり，自分で考えて行動できれば OK ということ。

話がそれましたが，まずは平時の校時表を設定し，読み込ませ
ておきます。あと，特別校時（午後から研修日，儀式的行事の日
のために下校時刻が早くなるなど）もそれぞれ設定しておくとよ
いでしょう。

② 定番もよいが，オリジナルにチャレンジ！

　キーンコーンカーンコーン，キーンコーンカーンコーンと，全
国の小学校で始業と終業の合図であるチャイムが鳴り響いている
ことでしょう。

　さて，昔から使われてきたチャイム。先述した岬の学校では，
木の板を使っていました。これから使用する，もしくは変更する
のであれば，どんな音がよいのか，鳴らす時間はどれくらいが丁
度よいのか，試験的にチャレンジしていくべきです。

　パソコンを介して，メロディを設定し，校内に鳴り響く音は，
やはり安定感があります。しかし，設定を調整できるのであれば，
オリジナル感を存分に出せるものがよいでしょう。

　市販のメロディを曲として扱い，チャイムに使用するメリット
は，子どもたちがよく聞きなれた音楽であること，聞いたことに
よって，すっと体に入り，けじめをつけて，積極的に行動できる
こと。デメリットは，高額な利用料が必要だということ。さらに，
設定，放送までの手間を考えると，ガーンとなる。

　要するに，チャイムが聞こえることで，けじめが出てきたり，
次の学習へとスムーズに流れていったりできればいいのです。こ
こは元からのものか，オリジナルにするか，職場で協議してみて
はいかがでしょうか。

「先生，ちょっといいですか？」と頼られる存在であれ

① 壁を作るべからず

　自分がすべき仕事は，子どもたちを帰してから，いくらでもできます。学級を担任していれば，プリントのチェック，宿題ノートのチェック，テストの採点，子どもたちから回収したプリント，手紙などのチェック，コロナの消毒作業などなど，山ほどありますよね。そんなとき，あなたはどんな表情で，座席に座っていますか？　「今，絶対に話しかけないでくれよ～」という鉄板のように頑丈な，目に見えない壁を準備していませんか。

　若手や同僚は悩んだり，苦しんだりしています。少しでも，気軽に相談してもらえるように，笑顔もしくは柔らかい表情で座って備えておきましょう。

② 校内運営委員会，職員会議での発言は重要です

　職員会議や，その前の校内運営委員会を見ていると，よくわかると思います。あなたが，ある案件を提案するとしましょう。そのときに，校内運営委員会で，あなたは第一声，何と発しますか。また，職員会議で何と言って提案しようとしていますか。

　例えば，例年通りであれば，先生方に「確認しておいてくださいね」で十分なのです。それを長々と説明をしていくからこそ，先生方の時間を奪い，深掘りした話をなかなかできないという結

果になります。

　職員室へ戻ってから，学年団に詳しい内容を説明すればよいので，運営委員会では提案事項だけを伝え，あとは意見を出してもらうようにしましょう。そのための運営委員会ですから。

③　たとえ，どれだけ忙しくとも……

　よく上司は言います。「どれだけ忙しくしていても，いつでも声をかけてね」と。しかし，（かけられるわけない，忙しそうにしてるのに）と気を使います。でも，そんなことお構いなしに，声をじゃんじゃんかけていきましょう。もちろん，ネットで調べればすぐにわかるような内容は避けるべきですが。

　とにかく，今自分が何をしているのかを伝えることが大切です。例えば，今，何に悩んでいるのか，何に困っているのか，どこまで仕事が進んでいるのか，どこで止まっているのか，何のどんな情報が必要なのか。聞きたいことは山ほどあるでしょうが，一つ一つ簡潔に，まとめて聞くようにしましょう。

　すると，「すみません。今，よろしいですか？」と尋ねると，「お，どうした？」と必ず応えてくれるようになるはずです。

　ときには，そっけないこともあります。しかし，めげている場合ではありません。積極的に周りの人や上司に聞いていきましょう。馬鹿にされようが，「えっ？　そんなことも知らないの？」と，ハラスメント的な発言があったとしても気にせず，突き進みましょう。

　また逆に，教務主任のあなたに先生方が「ちょっといいですか？」と頼ってくることもあるでしょう。そのときは，どんなに忙しくとも丁寧に対応するようにしましょう。

10 児童（生徒）名簿の管理は アップデートが不可欠

① まずは4月1日から

　児童（生徒）名簿（教頭先生が管理しているかもしれませんが）では，新学年への進級，新1年生の住所，きょうだい関係などを把握しておく必要があります。まずは，各学級担任の先生方にお願いして，家庭調査票に違いはないか，新しい情報が入れば，修正してもらい，今年度の児童（生徒）名簿を完成させましょう。もちろん，昨年度のデータを参考にして，加筆修正してもらってもよいでしょう。

② 児童（生徒）数表を管理しておこう

　今年度の児童（生徒）数，及び家庭数（小（中）学校在籍のきょうだい関係がある場合，上の兄姉が手紙を持ち帰る数）を把握し，配付する手紙の数や地区別下校会はどこなのかなど，情報満載の児童（生徒）名簿を新年度に合わせて作り替える必要があります。少しの手間はかかりますが，後々きっと役に立ち，応用がきく資料です。しっかりアップデートしておきましょう。

　また，現時点で完成した表は印刷をし，輪転機に貼り付けておきましょう。その数を見て，先生方やPTAの方々も，文書を印刷していくはずです。

③ こまめにアップデートしていこう

どうしても，日常業務をしていると，ついつい放ったらかしになってしまいがちですが，こまめにアップデートしていきましょう。転入，転出，住所変更など，事務の方が，こまめに更新してくれていますが，確認してください。

そして，何より，教頭先生に確認しておきましょう。各学級から，変更が上がってきているはずですから。年度途中，何度も，何人も変更があるかもしれません。そのつど，書き換えていきましょう。

④ 個人情報ゆえに，慎重に

わけがあって，住所を変更した方がおられるかもしれません。個人情報ですので，慎重に扱うようにしましょう。また，転出，転入の手続きは，保護者の必須事項なので，教育委員会からのお達しを待つことにしましょう。

児童（生徒）の増減がわかった時点で，我々は何をすべきでしょうか。児童（生徒）名簿の変更はもちろんのこと，指導要録などの準備，給食の増減の連絡，通知表の完成。その他，その子に関係したものを準備もしくは廃棄していかなければなりません。次の学校，前の学校に迷惑のかからない程度に，準備を進めていくようにしましょう。

どんな子どもが来るのか。周りの子どもたちは，ワクワクしています。学級担任を兼任している場合は，素敵な出会いの演出をしましょう。出ていく子どもには，思い出に残るイベントを実施しましょう。

11 企画は年度当初，提案は遅くとも 1ヵ月前であれ

① 年間行事予定表は前年度3学期に作成

　1年間の行事予定計画は，「7　年間行事予定は，あくまで予定である」（48ページ）に記述したように，前年度の12〜1月から修正を加え，予定を入れていきます。その年の大きな行事，すでに予定されている行事，予想される行事などです。

　まず入れられるのが，特別活動の分野である【学校行事】です。儀式的行事，文化的行事，健康安全・体育的行事，遠足・集団宿泊的行事，勤労生産・奉仕的行事の5つが入るでしょう。具体的には，学校により違いがあるでしょうから，ここでは言及しないでおきます。

　また授業参観・学級懇談会や，家庭訪問日，避難訓練なども入ります。その年度の曜日まわりを考え，本年度の反省を生かしながら，先生方と調整しつつ計画することが最善の方法でしょう。

② 1ヵ月ごとの行事予定にしっかり目を通そう

　いくら年間行事予定表が計画され，提示されていても，突然，予期しない行事やイベントが入ってくるものです。そのとき，臨機応変に対応できるか否か。きっと前月に校内運営委員会が開かれ，行事予定表をチェックするでしょうから，そのときにその行事・イベントに対しての意見や考えを述べ，合意しておきましょ

う。どうすることもできず，ただ受けるだけのものも出てくるで
しょうから，実行するにはどんな対処法があるか，考えられるだ
け意見を出し合い，想定しておくことも大切になってきます。子
どもたちを巻き込んでの行事・イベントになるでしょうから，職
員の動きや時程など，詳細に，綿密に計画を組むようにしておき
ましょう。決して，他人事にしないように心がけるべきです。

③ 最低1ヵ月前……くらいの気持ちで

予定は予定ですので，変更されるものですが，年度当初計画予
定されていた行事やイベントをキャンセルすることは，ほぼない
でしょう。今のコロナのように緊急事態宣言が出されない限り，
通常通り行われていくでしょう。

1ヵ月前というのは，校内運営委員会が行われる日を基準に考
えています。その時点で，行事予定表に組み込まれていくわけで
す。そこにない行事やイベントが発生するのは，管理職が報告し
忘れていたか，教育委員会が現場に伝えるのが遅れていたかのど
ちらかです。ま，往々にして，現場ではそんなことがありますが。

行事やイベントを担任教師が前もって知っていれば，事前準備
できるし，子どもたちへの指導，心構えも話ができるわけです。
教育的指導のチャンスであり，子どもたちの成長や経験アップの
ためには，必要不可欠のことです。ある意味，非日常を体験でき
る機会を作り出すためにも，最低でも1ヵ月前には，教職員全
体に告知しておくべきだと考えます。

12 PTA役員との関わりを大切に

① 会長はじめ，役員たちは保護者代表

　前年度の役員選で，新年度のPTA会長はじめ，役員たちが決定します。他にも，学級委員や地区委員など，保護者の中から，新たに推薦されたり，立候補したり，残念ながらどちらもない場合は，再選したりします。お仕事でなかなか時間を捻出できない状況で，役を引き受け，子どもたちや地域，学校のために動いてくださるのがPTA役員たちです。

　まず，教職員は感謝の気持ちを持ちましょう。当たり前ではないのですから。その上で，役員たちは，保護者代表です。教職員はできる限り協力するとともに，コミュニケーションを大切にしましょう。話す時間がないのであれば，挨拶だけでも交わすように心がけましょう。

② 裏方として動いてくださっている役員たち

　きっと学級担任には見えなかったり，わからなかったりするところで，あれこれ動いてくださっているのがPTA役員の皆さんです。

　不安を抱えながら，「○○はどうするんだろう？」と迷いながら，活動してくださっています。職員室に何度も足を運ばれ，「これでよろしかったですか？」「これ，どうしましょうか？」と

確認されたり，会議室に定期的に集まって相談されたりもしています。

それを知っておくことも大事ですが，PTA 役員と教職員が同じ方向（子どもたちのため，地域のためなど）を向きつつ，行事などを進めていくことはとても大切なことです。

③ PTA 総会で「初めまして」

年度最初の授業参観，学級懇談会後に設定されることが多い PTA 総会。総会では，前年度の予算や決算，行事の振り返りなどから始まり，新年度の役員体制を報告され，新学級担任はじめ教職員の紹介が行われます。保護者の方たちは，我が子の担任が誰になったのか興味津々です。参加者数はその学校によりますが，参加していただいた方々の貴重な場であり，時間となります。

教職員はピリッと緊張感をもって，参加するようにしましょう。まとめてくださった総会冊子とペンを持ち，体育館に集合しましょう。子どもたちの前での担任発表のようなものです。注目されていることを忘れずにのぞんでほしいものです。

あるのか，ないのかわかりませんが，校長から紹介を受けたならば，元気よく，にこやかに，ハキハキと返事をしたり，「よろしくお願いします！」と伝えるようにしましょう。人は第一印象が大切です。

そして，会が終わってから，PTA 役員，地区委員，学級委員に，教師が挨拶に行くようにしましょう。

管理職と教師集団の間で揺れながら 立ち位置を見つける術

　教師代表でありながら，管理職一歩手前の立ち位置とは，どういった場なのか。立ち位置は自分で決めるのではなく，周りの方が決めるのでしょうね。

①　やはり教師代表の立場でしょ

　若手が増えてきている昨今。悩みも多いはず。子どもたちとの関係を含めた学級経営の悩み。授業をどうすればよいのか。子どもたちとどう関わったらいいのか。
　「先生，ちょっといいですか？」と聞かれる存在。「先生，相談があります」と尋ねられる関係性。いいですよね。

②　管理職一歩手前でしょ

　教頭試験，校長試験は，公立では間違いなく行われるもの。最近は，立候補を求める自治体もあるようですが。
　管理職になる前に，どんな管理職になりたいのかをイメージすること。管理職から試験を進められても立ち止まって考えること。
　ただ，過去を振り返っても，結論は出ないはずです。自分がどうしたいのか，どんな管理職になっていくのか。あれこれ，自分の中で思考することがとても大切な時間です。
　ぜひ，時間を取って，お一人で考えてみてください。

兼務教務主任の
上手な学級経営術・授業術

1 専科と兼任の場合の授業術

① 専科＆教務のバランスをどう取るか

　小学校の場合，図工科，理科，家庭科，体育科，音楽科など，専科枠はさまざまですが，どの教科になったとしても，学級担任にはならず担任業務から外れているので，多少の時間は生まれてくるかもしれません。担当する学年，学級の数にもよりますが，その教科のみに取り組みながら，教務の仕事も進めていきます。

　3月の終わりから，教務の準備を始めていたとして，4月は，子どもたちと出会います。専科であるからこそ，出会いを大切にしたいものです。受け持つ学年，学級の子どもの名前を覚え，顔と一致させ，授業びらきを行います。その後，授業の準備を行いますが，二足のわらじを履いている以上，どちらかだけに力を入れすぎることのないようにしましょう。

② そうは言っても，子どもの前に立つ覚悟

　専科教員は，専門性を発揮する立場です。そして，子どもの前に立ち，授業をします。教務主任ではありますが，教材研究，子ども理解を怠らず，しっかり準備，観察するようにしましょう。片手間では，専科教員は務まりません。

　もちろん，授業準備を単独でするのではなく，学年団に協力をお願いしつつ，授業内容の確認も入念にしておきましょう。また

子ども理解を進める上で，学級担任とのコミュニケーションも密に取るようにしましょう。

　学級担任を長くしてこられた先生からすると，未知の立場ですから，うまくやろう！　と思わず，子どもたちと楽しく，無理なく授業を進めていくという覚悟でのぞみましょう。

③ 教務主任だからこそ，見えてくるもの

　専科の授業で子どもたちと関わることで，子どもたちの実態も見えてくることでしょう。関わっている学年，学級だけではなく，廊下や階段を歩けば，その階その階の雰囲気や子どもたち，先生方の様子も見えてきます。教務主任という立場で自分自身をメタ認知しつつ，専科教員として，子どもたちや先生方と関われる存在であることを忘れないでおきましょう。

　きっと，専科教員と教務主任を兼任するがゆえの大変なことも出てくるでしょうが，ネガティブ思考にならず，今まさに自分にしかできないことを実行できていることを再確認するようにしましょう。「こうすれば，こうなる」「あぁすれば，そうなる」という正解はどこにもありません。地道に授業を進めつつ，学校全体に関わることが見えてくるその立場を大切にし，自分が考えた意見や事実を伝えていくようにしましょう。そうすると，万事うまく進んでいきます。

　教科の専門性を高めつつ，教務主任という仕事も全うできる。これほど充実した仕事は他にないかもしれません。

2　学級担任と兼任の学級経営術①

①　ここだけの話ができる特権

　おそらく，教務主任と学級担任を兼任されている方は，全国的に見ても，かなり少ないのではないでしょうか。ということは，子どもたちの前で，教務主任と学級担任の兼務ならではの裏話をすることができます。例えば，式の司会を私がしたとしましょう。マイクの調整，全体指導の意図など，教室に帰ってから，いくらでも話はできます。もちろん，式にのぞむ事前指導の際にも，話はできます。「朝 7:00 に体育館へ行って，マイクの準備と演台を準備してきてね……」という話を子どもたちも興味津々で聞いてくれます。それだけでも，（自分たちの先生は，学校のためにあれこれ動いているんだな）と子どもたちは推測します。

　でも，忘れてはいけないのは，学級担任として，子どもたちの前に立っているという事実なのです。

②　お願いすることも，しばしば

　先程も書きましたとおり，兼務だからこそ，話せるネタはたくさん出てきます。しかし，少なからず，目の前の子どもたちに多少の迷惑をかけたり不便な思いをさせたりすることも出てきます。その際に，「先生は忙しいんだから，ちゃんとするように！」や「ちゃんとしておかなかったら，後で罰ゲーム！」などと，ネガ

ティブな形で伝えるのではなく，「マイクで話しながら，みんなのことを見てるからね！」「先生，○年○組だけを見てられないから，協力してね！」などと声をかけるようにしましょう。学級経営が安定していれば，子どもたちは聞いてくれます。もちろん，子どもたちの善意に甘えているだけなのですが。

　「頼む！」と一声，子どもたちに言えるか否かで，学級担任としての人間力を見ることができます。恐怖政治のような，徹底的な圧力だけで，子どもたちをがんじがらめにするのは，やめておきましょう。

③ 特に，儀式的行事は子どもたちの成長の場

　「体育館へは，何のために行くのか考えて行動しよう」「最初に見本を示そう。後から入ってくる学級のお手本になるよ」など，子どもたちに約束やお願いをしておいてもよいでしょう。それはすべて，子どもたちの成長に繋がるはずです。

　「周りの様子をよく見ておいてね」と声をかけておくと，「先生，△年△組が騒いでいました」「□年□組の○○さんが，大きな声で話していました」「□さんと△さんが，言い合いのけんかをしていました」など，報告が入ります。その際に，訴えてきた子どもたちに何と声をかけますか？

　答えは一つです。「あなたは，どう思いましたか？」と。これで十分です。子どもたちは「ダメだと思います」「いやな気持ちがしました」と答えます。そこで，「じゃあ，あなたはどうすればいいか，わかるよね？」と一言伝えるだけで，すべては伝わるはずです。「先生，注意してください」とは未だかつて聞いたことがありません。

3 学級担任と兼任の学級経営術②

① 授業中であろうとも

　学校側発信のお手紙を例に挙げてみましょう。「実はこれ，校長先生の名前が書いてあるけれど，先生が作りました！　もちろん，『これでいいですか？』と校長先生には確認取ったけれどね」と伝えるくらいは，大丈夫ですよね。

　ただし，確認が取れていた文書が突然，「あれじゃ，ダメだったよ」となったときが大変です。文書の訂正，全校児童分の刷り直しなど，その日子どもたちが帰宅するまでにやってしまわないといけません。私自身，何度かその経験があります。そのつど「ごめん！　ちょっと職員室に行って，学校全体に関わる仕事をしてくるよ。任せておいて大丈夫？」と尋ねると，たいてい「先生，大丈夫だよ。行ってらっしゃい！」と手を振ってくれました。

　どんなときであろうとも，臨機応変に対応しますが，突飛な依頼はやはり学級の子どもたち，もっと言えば，学級経営に影響します。

② 何でもやらせてもらいますよのポジション

　基本的には，教務主任は学校経営においての何でも屋です。教室で子どもたちに大事な話をしていても，管理職の先生方はお構いなしに，扉を叩きます（すべてではないですよ）。そんなとき

に，「今は無理です」「そんなことはできません」とは言えません。何せ全校児童に関わることですから。もっと言えば，おうちの方々が困るから。心の中では，「何で今ですか」「後でも，いいでしょう」という思いは強いのですが，タイミングがありますので，基本「はい！　喜んで！」となります。

　よく聞かれました。「先生は，どちらに重きを置いて，仕事されているのですか？」と。私は答えます。「子どもたちの前に立つと，学級担任です」と。ただし，教室を離れると，教務主任ですので，学校全体を見て，動きます。とにかく臨機応変に，あらゆることに対応できなければ，教務主任と学級担任という二足のわらじは履けないのです。

③　学級経営できるという幸せ

　まず何よりも最初に，子どもたちの前に立ち，話をすることができることに感謝しましょう。子どもたちが目の前にいなければ，ただの独り言です。全身全霊をかけて，学級経営に力を注ぎましょう。特に4月，5月です。この期間で学級経営が安定していなければ，その先，何かトラブルの起きたとき，何をしても対応がすべて後手になってしまうからです。休み時間には，楽しいことをたくさんしましょう。そして，信頼関係を築く努力を怠らないようにしていきましょう。

　また，専科とは異なり学級担任ならば，教師としての仕事，子どもとの関わり，授業など，すべてを全うできます。一生に一度しかない子どもたちとの出会いの場を大切に。そして，先生自らが楽しむことを忘れずに!!

4 学級担任と兼任の授業術①

① 授業の準備は，徹底的にやる

「授業の準備に時間を割くことができない」と嘆いておられる先生方。有名な言葉に，「教科書を教えるのではありません。教科書で教えるのです」があります。まず学習指導要領，各教科の解説編を読み，教科書を見て，授業をプランニングしていきます。さらに，授業構想を作りあげます。もちろん，授業準備（紙面で細案を作ったり，授業で使うものを準備したり）もします。できるだけ手間暇をかけすぎず，でも，子どもたちにとって，面白くて，楽しい授業になるような工夫をしていきます。

インターネットを開けば，たくさんの授業ネタが紹介されていますので，それらを活用するのもよし。ブックストアに足を運び，直接手にとって本を選ぶもよし。ネット注文するもよし。以前に私が書いた『子どもの実感を引き出す授業の鉄板ネタ54』（黎明書房，2014年）『表ネタが通用しない場面へ投入！　授業づくりの裏ネタ38＆アイデアネタ4』（黎明書房，2019年）も参考にしてください。授業のヒントになるかもしれません。

② 授業の準備を段取りよく

授業が始まれば，子どもたちとのやりとりの中で，授業を進めていきます。であれば，どれだけの時間を使って，いかに準備し

ておくのかということに繋がります。学年の学級数が増えれば，授業進度を合わせることも大切になるでしょう。私が常々考えていることは，「今，私が抱えているタスク（仕事）の優先順位は？」です。

　自分が今いる場所で仕事を分けて考えていたときもあります。例えば，職員室にいるときは，教務主任の仕事。教室にいるときは，学級担任の仕事。もちろん，きっちり分けられませんので，優先順位は変わりますが，とりあえずの線引きをしておきます。

　次に，「周りの人の困り感」を考えます。もし今，この仕事を後回しにしたら，誰か困るかな？　この仕事を先にしてしまうと周りの人が動きやすいかな？　なども考えます。

　新しい仕事を始めるわけではない（教務主任は初めてですが）のですが，自分のタスク（仕事）もしくはマター（担当）の仕事が増えることによって，次から次へとクリアしていかないと後が詰まりますので，授業の準備を段取りよくすることは，最重要課題と言っても過言ではないでしょう。

③　授業準備は，楽しみでしかない

　教務主任の仕事は，学校全体を動かしたり，先生方へ指示したりというものが多いです。教務部会で協力し，事を進めていきますが，どうしても私は息が詰まるときがありました。そんなときは，学級の子どもたちのことを考え，授業の準備をするようにしていました。とにかく楽しいのです！　その授業を行ったときの子どもたちの反応を想像すると，息が詰まっていたのが嘘のように消え，よい気分転換になりました。とにかく楽しみましょう。

5 学級担任と兼任の授業術②

① ワークシートは，まとめて作る

　授業を進めると，振り返りや練習問題など，ワークシートやプリントが必要になります。そうなる前に，準備しておくとよいでしょう。各教科の単元別に，ワークシートを準備したり，何度も使えるワークシートを作って，データを保存しておきましょう。

　ワークシート作りは，学年団で相談して決めていくのもよいのでしょうが，みなさんにお願いしておくときもあってよいですね。特に，4〜5月は教務主任としての仕事（時間割調整，提案文書など）が多くなりますので，私は素直に頭を下げ，学年の先生方に，お願いしたり，協力を願ったりしてきました。

　また，国算理社の授業で使用するワークシートについては，オリジナルの自作プリントや市販されているものを利用するのも，一つの手です。以前，書かせてもらった『コピーして使える授業を盛り上げる教科別ワークシート集〈中学年〉』（編著，黎明書房，2013年）はじめ，『同〈低学年〉』『同〈高学年〉』を利用する手もあります。使えるものは使い，徹底して，時間を作り出すことです。

② 特別なことをする必要は一切ない

　教務主任と学級担任を兼務すると，あれをしなければ，これを

しなければ，とあれこれ考えすぎてしまいます。でも，できるだけ，考えすぎず，時間を作り出すこと。さらにプレッシャーを感じるのは，できるだけ避けましょう。

　目の前にいる子どもたち【に】授業するのではなく，目の前にいる子どもたち【と】授業する。オーソドックス授業に徹することで，先生の負担が軽減されると同時に，子どもたちと授業を作り上げていく経験ができます。教務主任として，いつでも動けるように，心に余裕をもって，職員室の席に座ります。そうすることで，周りの先生方に安心感をもたらし，職員室の雰囲気も安定します。

③ 授業術は，永遠に研修を続けるべき

　子どもたちの前に立って授業を展開する力をつけるには，リアルに経験を続けることと，先生自らが研修を繰り返し，術を蓄えていくことです。「〜という発問をした場合，子どもたちはどのように変容していくのか」という仮説を立て，常に，アップデートしておかなければ，一瞬にして滞ってしまいます。

　民間セミナーに参加するもよし，YouTube で観て学ぶもよし。授業力を身につけるために，あらゆる方法と時間を使うとよいでしょう。

　授業をシステム化する方法や，年間指導計画から各学期の授業計画を把握するなど，とにかく，自分の力だけでなく，職員室の仲間の力を借りつつ，自己研鑽に励んでいくことをオススメします。何を一番大切にして，授業を進めていくのか，子どもたちと関わっていくのか，をハッキリさせておきましょう。

6 特別支援学級担任と兼任の学級経営術

① 子どもファーストであれ

　ごくごく当たり前のことであり，教師であれば，まず考えるのは，目の前の子どもたちのことです。特に，支援が必要な子どもにとっては，大切なことでしょう。目の前の子どもたちと過ごしている時間は，教務主任の仕事から，しばし離れることを意識的にしましょう。ましてや，異学年にまたがって担任をしている場合は，なおさらです。

　子どもファーストであるためには，どのように支援を進めていくのかを考えなくてはなりません。都道府県，市町村，各学校によって，交流学級への入り込み方や関わり方は違ってくるでしょうが，その場その場で与えられたポジションで，自分の持てる力を最大限に発揮するためにも，自分の担任している子どもたちの状態や状況をよく考えて，行動していきましょう。

② 遠慮せず，SOSを出そう

　なにはともあれ，私自身は体が一つです。その体は，第一に子どもたちのために使うものであり，それを教務主任としての自分のためにも使おうとすると，やはり限界があります。どうしても仕事がかぶった場合，躊躇せず，子どもの指導に入るべきです。迷う余地は，ゼロです。

また，自分一人の手に負えない場合は，他の担任を頼るか，近くにおられる先生方に助けを求めるようにしましょう。できないことは，できない。やれないことは，やらない。なにせ，物理的に厳しいことなのですから。そう考えて，管理職も巻き込んで，できない，やれないときは，正直に相談することを心がけます。

　どうしてそんなことをしないといけないのか。それは，①でも書きましたが，子どもファーストだからです。

③　空き時間ゼロとのたたかい

　子どもたちが在校している間は，とにかく子どもたちと向き合い，集まってくる子どもたちには，丁寧に対応することを心がけます。タイトルには，『学級経営術』なんて格好良く書いていますが，正直なところ，日々，時間の使い方を試行錯誤し，考えていたと言っても過言ではありません。

　授業時間のみならず，休み時間，給食，掃除など，ありとあらゆる時間に，校内を巡り，子どもたちとコミュニケーションやスキンシップを取り，ご家庭とのやりとりも密に行います。そうすることによって，子どもや保護者との信頼関係も次第に構築されていきます。

　たとえ，太いパイプで子どもたちや保護者と繋がったと思っていても，100％の安心，保証など，どこにもありません。日ごとに変化し，成長するのも，子どもたちです。やはり，時間は少なくなりますが，子どもたちと関わった後に，教務主任としての仕事を進めていくことがベストな方策だと思います。

7 特別支援学級担任と兼任の授業術①

① まず授業プランニングを実行しよう

　学級担任は，子どもたちの学年，年齢を考えつつ，授業プランニングを行っていきます。しかし，特別支援学級担任は，目の前の子どもたちの発達段階に応じて，授業計画，授業構成を考えていかなければなりません。前項にも書きましたが，まさに『子どもファースト』です。何に興味を持ち，何にアンテナが引っかかり，どういった教材がその子のためになるのかを真剣に考え，実施していくことになるでしょう。

　そう考えると，新年度最初に，とりあえず年間の指導計画，つまり特別支援計画をまとめ，具体案を明文化しておく必要があります。また，どのような授業プランニングをするのかは，特別支援学級担任部会で，意見を出し合い，すりあわせをしておくとよいでしょう。

② 本気で授業づくりをするべき

　教務主任を兼任とは言え，片手間に仕事ができるほど器用であれば，特に問題はないのでしょうが，まずは子どもたちのための授業づくりが大切です。優先順位をつけるならば，やはり子どもたちの前に立っての授業を一番に考えなくてはなりません。

　具体的に，以下に挙げていきます。

① 五感に訴える授業

② 活動重視の授業

③ 手指を使って，感覚を鍛える授業

④ 手間暇かけない授業準備

⑤ 何が面白いのか，子どもの表情をよく観察する

以上を鑑みて，改めて授業づくりに取り組んでいきましょう。

③ 融通が利かないのがこの立場

　困ったら，管理職に相談です。さらに，コーディネーターの先生も頼りにしてよい存在です。他の特別支援学級担任，支援員など，それぞれの立場の先生方にも，できないことはどんどん相談していきましょう。

　授業づくりは，仲間内でワイワイ楽しみながら進めていくのが本来の姿のはずです。しかし，それぞれに抱える仕事量が，ある意味，飽和状態であることを考えると，うかつに相談できなくなります。ですが，子どもたちの前に立つと，余裕がなくなってしまいがちです。そのときにはぜひ，周りに助けを求めましょう。

　オリジナリティ豊かな，担任としての授業づくりは教師の醍醐味ですが，二足のわらじを履く自分の立場を考慮し，仲間に頼れるところは頼っていきましょう。きっと，親切に対応してくれるはずです。

　教務主任１年目の方は，仕事面で周りの先生方に迷惑や不安を与えてばかりですが，自分が先輩方にお世話になってきた分を，後輩に返していけばよいと思います。感謝の気持ちを忘れずに，子どもたちのために授業づくりに励みましょう。

8 特別支援学級担任と兼任の授業術②

① 教材づくりに手間をかけない

　授業で使う教材に手間をかけないと宣言すると，「手を抜いている」だの「仕事してねぇな」などと，感想をもつ先生方が少なからずおられるのではないでしょうか。かつての自分がそうだったかもしれません。

　しかし，ここで言う『手間をかけない』というのは，マイナスの言葉では決してありません。要するに，教材づくりをスマートに短い時間でやってしまおう，という意味です。そうするためには，目の前の子どもたちにとって，有意義で，かつ力がつく教材づくりをしなければいけません。

　そう考えると，作る前段階で，必ず行うべきは教材研究です。これを怠ると，何をどのように教えるのかが明確にならず，結局，あれこれ思考をめぐらせるだけになるからです。子どもたちにとって，素晴らしく面白い教材であり，かつ手間暇をかけないものというのが大前提にある以上は，自信をもって授業にのぞめるように準備しておきましょう。

② 五感を大切にしよう

　五感，すなわち，視覚，聴覚，嗅覚，味覚，触覚に訴えかける教材づくりを意識的に開発していくことをオススメします。とは

言え，特に，触覚については，こだわりをもって，教材づくりにチャレンジするべきです。子どもたちにとって，肌に触れるという感覚は大変重要であり，忘れてはいけない五感の一つです。昨今，味覚については，アレルギーなど，あれこれトラブルが発生し，子どもたちに提供するのは困難を極めますが，他の感覚については，わりと気軽に試すことができるので，お手軽な体験で，効果は大です。

　教室を出て，運動場を活用したり，自然に触れられる場所に出てみたりすることで，子どもたちの感じ方，学びに向かう姿勢が変化してくるかもしれません。

③　教材備品をうまく使っていこう

　校内には「教材庫」と呼ばれる部屋がありますので（子どもの数が増えているところは存在しないかもしれません），そこへ行って，授業に使えそうなものを探し，実際にどんどん使っていきましょう。一から作るのは，先生方の時間も労力もかかります。ましてや，教務主任を兼務しているのですから，子どもたちにとって，費用対効果の高い教材づくりを心がけましょう。そう考えると，教材庫は宝の山ですね。

　余談ですが，教材備品で発見できないものがあれば，百均や三百均などのお店に立ち寄り，授業や学校生活で子どもたちが使えそうな物を購入することもオススメします。「6　特別支援学級担任と兼任の学級経営術」（72ページ）の①にも書きましたが，子どもファーストなくしては，授業の成立はありえませんし，その後の学校生活においても立ち行かなくなるでしょう。

9 兼任の勤務時間はこう割り振る

① 朝はどうする？

　私が勤務していた学校は，子どもたちが 7:55 〜 8:10 の間に登校していましたから，遅くとも 7:30 には出勤していました。基本的には，7:10 〜 7:15 の間に出勤し，動きやすい服装に着替え，子どもたちを待つようにしていました。前日の仕事が残っていれば，いつもより早く出勤します。もちろん，教務主任の仕事がある場合は，そちらの仕事に取り組み，子どもたちが登校したら，教室に上がるというサイクルを過ごしていました。

　まず，第一に考えていたのは，子どもたちです。兼任とは言え，子どもたちと関わるのであれば，子どもたちファーストは当たり前のことです。

② 授業時間中は，やはり子ども

　教務主任であっても，子どもたちがいる間は，子どもたちの前に立ち，指導していかなければなりません。子どもたちの行動を観察し，友人関係を見つつ，評価もしていきます。もちろん，活動も共にします。そう考えると，授業時間中，すなわち，朝の子どもたちを迎える時刻から夕方見送る時刻までを考えてみると，兼任とは言え，子どもの前に立ち続けることしか選択肢はありません。

上記の対応は，厳しさもありながら，優しさもあります。でき
ないことはできない，できることはできるといった分別を正しく
して，授業を進めていくことで，兼務の可能性，限界も見えてく
るでしょう。

③　兼任ゆえにできること，できないこと

　先生はその日一日の振り返りをします。私の場合，子どもた
ち一人ひとりにアンケート【例1：「今日は楽しかったですか？
5・4・3・2・1」，例2：「それはなぜですか？」】を書いても
らったものを元にリフレクション（内省）です。リフレクション
は，子どもたちが帰った後に，明日へ繋げる意味でも実行すべき
です。子どもたちの下校後，アンケート結果を元に，学年団で議
論し，学校全体に周知させればよいと判断します。

　リフレクションを元に，今の自分ができること，できているこ
と，できないこと，できていないことが明確になるので，翌日の
子どもたちへの指導や職員室での動きに反映されます。多少の無
理は当然で，しかし，今何が足りていないのかが明確になるので，
リフレクションは非常に大切な情報源です。あれもこれもできな
いのであれば話になりませんが，ほんの些細なことでも構わない
ので，次に生きる事象を増やしていけるようになるのが理想です。

　私は兼任ゆえに，「学級の子どもたちに100％の授業ができれ
ば，どれだけ幸せだろうか」と常に考えていました。朝から夕方
まで，自分は何ができて，何ができなかったのかを検証する意味
でも，夕方のリフレクションは大切な時間です。

兼務の裏技術

裏技術と言われると，ダメな技？ と思われるかもしれませんが，やらないよりもやったほうがよいというものです。特に子どもたちへの指導に交えると，より効果的です。

① 楽しそうに話してみよう

始業式，終業式での話。教務主任の立場で，朝からマイク，演台など準備して，教室に戻ります。そこで，「先生は今日，マイクの前に立ちます。そのとき，みんなを見ます。ウィンクを3回して，頭をかくので，そのサインを見逃さないようにしてくださいね」と伝えておくと，体育館に入って並んでいる学級の子どもたちの目は私に釘付けです。

② 「ごめん！ 学校の仕事してくる！」

普段はそうでもないですが，いざというとき，学級の子どもたちには，「ごめん！ 職員室に行ってくる！」と伝えて職員室に戻ります。この台詞を使う前に，事前に子どもたちには「実は先生，学校全体の仕事をしているんだ。先生が動かなかったら，周りの先生や他の学年の子たちが困るんだ。みんなに迷惑かけるかもしれないけど，そのときは許してね」と伝えておきます。もちろん，それを伝えたから100%OKではありません。極力そんな場面は避けるべきです。

どうしようもなくなったときのとっておきの術です。乱発しないようにしましょう。

IV

教務主任の総合的思考術

1 勤務時間が長くて当然だからこそ，どこまで縮められるか

① 慢性化させない

　勤務形態は違えど，教務主任と学級担任などの兼務の場合，単純に考えて，通常働いている先生方の 1.5 ～ 2 倍の仕事を行っています。だからこそ，「時間がかかって当然」とか「長い時間働くのが当たり前」という日々が続くと，自分自身の身体や思考がその生活サイクルに慣れてしまい，時間感覚が鈍くなってきます。

　そうなることで，元々持っていたご自身の教師としてのパワーが落ちたり，モチベーションや授業のクオリティーなどが低下したりする恐れが出てきます。

　そうならないように，退勤時刻を決めて，仕事を進めるようにしましょう。タイムカードがあれば，自身の勤務時間を見て，振り返ってみると，仕事の仕方で見直す点など，わかってくることも多いでしょう。

② 鈍感にならない

　「鈍感力」というワードが一時期流行りましたが，この仕事を進める中で，決して鈍感になってはダメということを書きます。

　長い時間働くことが決して悪いと言っているのではなく，コストパフォーマンスが悪くなったり，子どもへのアクションが悪くなったりする可能性が高くなるという危険性をはらんでいること

をお伝えしたいと思います。

長時間勤務が続くことで，①にも書きましたが，時間感覚が鈍くなってきます。要するに，麻痺していくのです。そして，その状態で教室に入り，子どもたちの前で授業をするわけですが，そこでも時間感覚が鈍くなった教師が存在し，時間の延長などが子どもたちに断りもなしに，繰り広げられてしまいます。最悪です。そうならないためにも，時間に対する感覚は研ぎ澄ましておきましょう。

③ 合意形成の連続と自覚しよう

職員会議はじめ，会議という名のつくものには，人が集います。そこで突然，あなたがある提案をするとしましょう。参加した人たちは，その提案内容を初めて見たり聞いたりします。提案の仕方によっては，大混乱を招く場合があります。論外です。うまく伝わったとしても，わずかでも質問や意見が飛んでくることを想定しておかなければなりません。

つまり，働く時間を短くするためには，会議をスムーズに進める必要があります。そのためのコツは，根回しや忖度（22 ページ）とわかりやすいプレゼン作成です。それらがうまくいったときに，初めて教職員間で合意形成が行われるというわけです。

人が集う場所では，その人間関係の連続性ゆえに，いかにうまく合意形成をはかるかによって，自分自身の勤務時間のみならず，そこに集う人たちの勤務時間を縮めることができます。そして，そのご家族や周りの人の幸せに繋がっていきます。長い勤務時間を強いられる日もあるでしょうが，それを年間数日にするためにも，ここで書いたことを実行できるように心がけてみては，いかがでしょうか。

2 その学校のスーパーエースは必要

① スーパーエースとは？

　バレーボールならば，トスが上がれば必ずスパイクを決めてくれる。そんな存在が，スーパーエースです。校内にも一人，二人はいますよね。何か困ったことが出てきたときに頼れる存在であったり，相談事があれば必ず応えてもらえたり，その学校の先生方にとっては，心の拠り所であり，精神的支えになるべき先生です。この先生の立ち位置を『スーパーエース』とここでは呼びます。そして，教務主任はまさしく，スーパーエース的な立場です。

　これって，経験年数でもなく，年齢でもないのです。要するに，いざ！　というときに頼りにされる存在であることが大切です。教務主任に限らず，「あっ，○○先生に相談してみようかな」と思ってもらえる存在であり続けることを大切にしましょう。そのためにも，日々先生方とのコミュニケーションを大事にしつつ，よく観察するようにしましょう。

② 一極集中化は避けるべき

　『スーパーエース』の話をしながら，一極集中化は避けるべきと，私の考えが一見矛盾しているように感じられるかもしれません。スーパーエースはどうしても，仕事が集まりやすくなりますので，一極集中しがちになるでしょう。そこで，集中する仕事を

分散していくことをオススメします。例えば，教務部会を立ち上げ，仕事の役割分担を行うとよいでしょう。低学年，中学年，高学年から，1名ずつ各部会に所属すると，低・中・高それぞれの状況を把握しやすくなるとともに，情報の共有や話し合いなども行うことができ，スムーズに事を進めやすくなります。

　また，校長先生，教頭先生，または副校長先生とよく相談し，会議案件はじめ業務を分けたり，引き受けたりするなどしていくと，仕事の集中は避けられるかもしれません。

　私自身，4月最初は毎年，学年の先生方にフォローしていただいたり，「何でも言ってね」とお声をかけていただいたりと，何度も助けていただきました。そういった人間関係を築いておくことも大切です。

③ スーパーエースを育てる観点

　一極集中した仕事を平然とこなせる人材ならば，特に問題ないのですが，やはり，さばいていく仕事量が多いことを考えますと，時期にもよりますが，教務主任の仕事が大変なことは明らかです。学校で一人だけ頑張っていても，業務に支障が生じてきます。そこで，教務部会の先生方と仕事を一緒にしながら，仕事の分担を考え，業務を引き継いでいくのもよいでしょうし，「何でもやりますよ!」という協力的な先生と一緒に仕事を進めるのもよいでしょう。

　一人の先生に相当な負担をかけることのないように，全教職員で仕事を分担していくシステムを構築するなり，管理職とよく相談し，偏りすぎないようにしていくことで，次世代の人材を育てていきましょう。

3 すべては「子どもたちのため」 「保護者のため」「先生方のため」に

① 本音と建て前

　今している仕事は，いったい誰のための仕事なのでしょうか。何のための仕事なのでしょうか。

　まず，「子どもたちのため」かを常に問いかけ，考えるべきです。慣習だから？　毎年するから？　○○先生が言うから？　学年で決まったから？　子どもに何らかの力をつけられるから？などです。

　続いて，「保護者のため」とは，どういうことか？　仕事をしている保護者の方が増えたこと，つまり，お忙しい方が多い。だからこそ，親御さんの立場や考えを理解しようと努力しているか。逆に，さまざまな教育方法が紹介されている今，例えばYouTube で学べるのではないか？　とか，学ぶ場所はおうちで十分ではないか，学校がすべてではない？　というように多様な考え方が広がる世の中で，どんな授業，子どもたちへのアプローチをしていくのか。今，保護者の方々にどんなニーズがあるのかを考えましょう。

　最後に，「先生方のため」になっているか。まずは，スケジューリングです。急な変更を避けること。もし変更ならば，その事象に関わる先生方全員に周知すること。そして，普段から声をかけることを大切にしていきましょう。

しかしながら，ここまで書いたことは本音ですが，建て前でもあります。最も大切なことは，一周回り，自分のためであることが重要です。仕事をするのは，誰のためでもなく，自分のためであるからこそ，明日へのパワーや活力になることを忘れてはいけません。

② 自己満足にならぬように

　教務主任と学級担任などの兼務は，レアなケースです。「全国的に，兼務って当たり前ですか？」とセミナーで聞かれます。声を大にして，「とんでもない。当たり前ではないですよ」と答えます。また，「そんなに大したことじゃないですよ」と答える方がいましたが，「私って仕事できる」アピールか，周りの方がとんでもない迷惑を被っている可能性があるので，鵜呑みにするべきではありません。

　さて，本題です。どれくらい仕事すればよいのでしょうか。例えば，何時までするのか。どのくらいの量を行うのか。何をやるのか。誰と相談するのか。一人で考えるのか。

　授業準備と同様，教務主任の仕事もどこまででもできると言えるのではないでしょうか。さじ加減をどうするか。もちろん，「昨年のままで」や「大きく変えなくてよい」ならば，大した仕事ではないでしょう。教務部として，組織がしっかりしていれば，短い時間で話し合い，事を前に進めていけます。

　自分一人では，うまくいかないかもしれません。「よし，これでよい！」と思っても，誰かに相談し，事を図ることがベストです。決して，独りよがりや自己満足にならず，意見をいただき，感謝の気持ちを忘れずに仕事をしましょう。謙虚に，素直に。

4 子どもたちといかに関わっていくのか

　教務主任となったあなたは，いかに子どもたちと関わればよい
のかと悩み，考え込むかもしれません。しかし，よく考えてみて
ください。子どもたちが通って来ているのは，あなたの勤務する
○○小（中）学校です。そこにあなたが勤務しているからこそ，
子どもたちはあなたと関われるのです。

　そう考えると，その学校の一教師であるという意識と自覚が必
要になってきます。特別な姿勢が必要というわけではありません
が，積極的に関わっていけるとよいですね。運動場で出会ったと
き，体育館で集まったとき，廊下ですれ違ったとき，トイレで出
会ったときなど，校内で子どもたちと出会う場面は，たくさんで
す。子どもと出会えば，「よし！　チャンス！」と思い，楽しい
時間を過ごしましょう。

② 具体的にどのように関わるのかというネタ

(1) 行事司会での小ネタ

　マイクの前に立ち，全校児童を一瞬で静かにする方法。（25
ページ参照）

　①　スピーカーから，聞こえるか聞こえないかくらいの音で，
　　「シーーーッ」と言い続けます。

② 時折，会場を見渡し，子どもたちの反応を見ます。

③ 再び，「シーーーッ」と小さい声で言います。

④ 気づいてくれた子をすかさずマイクを使って大きな声で褒めます。「よく気づいたね！ すごい！ えらい！ 何年何組？」

⑤ 他の子どもたちも，「シーーーッ」とやり始めます。

(2) 運動場での小ネタ

休み時間に，運動場で子どもたちと遊びます。先生は，赤白帽を被って，走り回ります。百均で販売されているもので十分。子どもたちは「なんで被ってるの？」「帽子，小っちゃいな！」などと言って集まってきてくれます。

(3) 聞いてよ！ ○○先生！ BOX

職員室前に，似顔絵（運営委員会の子どもたち）と吹き出しの付いた箱を置いておきます。意見箱のようなものです。事前に，先生方に設置について確認を取っておくとよいでしょう。

子どもたちが困り事や先生に聞きたいことなどを専用用紙に書いて投函します。回収したものを読み，子どもにレスポンス（個別に返事を出すこともあれば，貼り出すこともあります）。学級担任にお伝えしたほうがよいことも出てきます。学級担任に生の子どもの声を届けましょう。

5 管理職が見えてくる立場であるが教師代表である

① 教務主任という立場。都道府県によるが……

「教務主任となったあなたは，管理職ではありません。」

これは私が尊敬する管理職から言われた実際の言葉です。その当時は，校長先生，教頭先生の二人が管理職という立場でした。私は教務主任として，職員室の前方で，管理職と肩を並べて，座っていました。そして，学級担任も兼務していました。

そこで，職員室での学年団の会話に入っていくために，席を立ち，ちょこっとした話にも首を突っ込んでいました。あえて突っ込んだのです。コミュニケーションは，聞いているだけでは成立しません。やはり，発言して，意見を交わしてこそ，コミュニケーションです。あえて，その場を作り出すように努力していました。また，教室まで行く途中の廊下で話したり，教室に顔を出したりして，そういう時間をあえて作っていました。今，考えてみれば，そういう時間がとてつもなく大切な時間であったことを実感します。

あるセミナーでの話。昼食時に「教務主任の立場というのは？」という話題になりましたが，どうやら平の教員ではなく，管理職と捉えられている都道府県もあるようで，難しい立場であることを認識した記憶があります。ですが，学級担任を兼務しているのであれば，やはり立ち位置をはっきりしておくとよいでしょう。

② 教師代表，つまり先生方と管理職の橋渡し役

　教務主任＝教師代表というのは，いささか言いすぎたところもありますが，管理職とは一線を画するという意味では，代表と言ってよいでしょう。これも，尊敬する管理職からの言葉ですが，「教務主任の立場は，先生方の代表であって，管理職ではないから，意見をぶつけてきてほしい」と言われた経験があります。先生方の意見をぶつけたからといって，その後に大きく変化があるのかと言われれば，難しいところはありますが，私自身の立ち位置をはっきりさせる意味では，非常にありがたい言葉であったことは間違いありません。

　「先生，どう思われますか？」「先生は，どうお考えですか？」などなど，多数の先生方から意見を求められました。回答に納得いかなければ，相談に来られた先生方は直接管理職へ訴えに行かれましたし，私から管理職に意見を伝えに行ったこともありました。要するに，ポジションで言えば，先生方と管理職の架け橋であり，橋渡し役であるということです。

　自分の立ち位置を確認し，自覚し，これからの教務主任業務に関わっていくことが大切です。兼務されているのであれば，なおさらです。

　ただ一点。先生方が全員退勤後，管理職と残った場合に限り，教師代表という看板を下ろし，その学校のため，管理職トークに参画されることも悪くないということを付け加えておきます。

6 学校全体の動きをいかに見渡すか

① すべては網羅できません

　教務主任となったあなたでも，すべてわかっているわけではありません。当たり前ですよね。まずは，行事関係のお仕事。次に突発的なイベント。その他諸々。教務主任として，すべてを準備しておけるわけではありませんが，一月前にはきっとわかっていることも多いでしょうから，何かしらの準備が可能となってきます。

　全職員と情報シェアするのが前提ですが，担任団のみの会合など，特に関わりのある先生方とは密に打ち合わせておくとよいでしょう。要するに，先生方や子どもたちが困らなければ，それでよい話です。例年通りの行事やイベントであれば，特に問題はありません。ですが，そうでない場合，教職員を一同に会して，提案をしなければなりません。そのために，すべてを網羅できなくとも，まずは第一歩，先生方とコミュニケーションをとり，できるだけ情報をシェアするようにします。地道に頑張りましょう。ここをおろそかにしてしまうと，職員との信頼関係はなかなか紡げません。

　あと，わからないことはわからない，知らないことは知らない，できないことはできないと，はっきりすることが大切です。知ったかぶりをすると，後々，大変です。年齢，経験は関係ありません。もちろん，調べたり，確認したりすることは重要ですが。

② 教務主任は教師陣の要役

教務主任は，あくまで教師の要であることを自覚しておきましょう。世間では，教頭先生が教師をとりまとめているなどと言われていますが，決してそうではありません。

昨今，ベテランと呼ばれる先生方の数が減少し，教務主任を経験せず，教頭先生になられたり，教頭先生を経験せずに校長先生になられたり，という事例がいくつも聞こえてきています。役職が人をつくる，という言葉があるように，やはり一度でもそれぞれの役職を経験しておくことは，教師人生の中で大変貴重な時間であることは間違いないでしょう。先生それぞれに，自分の人生をプランニングし，あらゆる仕事に関わり，チャレンジしていくことをオススメします。

③ 八方美人では務まらない

職場には，多様性があり，いろいろな経験，価値観，考え方をお持ちの方々が集まってきています。だからこそ，一つにまとめなければ！　と考えるのは，危ない発想です。

学級経営にも似ていますが，全員一人ひとりと繋がることは大変重要で，大切なことですが，どうしても無理が生じます。合う合わないもあるでしょうし，相容れない部分もあるでしょう。

まずは，自分自身が関われる人から繋がります。そして，結果全員と繋がっていられることで，職員室全体を見渡すことができているという視点や考えに至ることが，幸せな繋がりです。このような繋がりによって，お互いWIN-WINの関係になるのではないでしょうか。誰とでも仲良く，という八方美人的な理想論を語るのは，もう止めにしませんか。

7 忙しい中でもやりがいを見つけると楽しくなる

① 先生方とコミュニケーション

　何気ない会話。他愛もない会話。その日の出来事。子どものエピソード。数え出すときりがないほどの話題が毎日ありますよね。そういったお話が，先生方とできるということだけで，その学校は花丸の職場です。すべては学校に通う子どもたちのために，先生方はあらゆる仕事をしているはずです。学年団で話すだけでなく，他学年の先生方ともよく話すようにして，とにかく職員室内で，コミュニケーションをとることをオススメします。

　教務主任の座席が職員室の前方，つまり管理職と並んでしまう位置にあるでしょうから，座って仕事をしていると，なかなかコミュニケーションを取りにくくなります。だからこそ，あえてコミュニケーションを取りに行きます。自ら動いて，楽しみを見つけていきましょう。

② PTA 役員との会話

　定例会の打ち合わせや行事の準備などで，PTA 役員が来校してくださいます。その際，会議室でミーティングされたり，職員室に入ってこられたりします。チャンス到来！　積極的に話しかけるようにしましょう。もちろん，役員の仕事の手を止めない程度に，そして，邪魔をしないようにして，話しかけていきましょう。

私の場合，印刷室におられたら日頃のお礼を伝えたり，小会議室におられたらご挨拶をするようにしています。なぜなら，学校のため，子どもたちのために，頑張ってくださっているのだから。感謝の姿勢を大切にしていきたいですよね。

③　地域の方，保護者の方たちとの関係

　子どもたちが帰った後に，会議などがなければ，ふらっと地域に出るのもよいかもしれません。地域巡視という名目で，地域に出てみて，お店をのぞいたり，家の外に出ておられる保護者の方々にご挨拶したり。ただ，いつも出ていると,「あれ？　中條先生，仕事してないんちゃう？」「中條先生，もっと仕事せなアカンやん」と思われてしまうかもしれないので，気をつけてください。

④　誰のため？　何のため？　そして……

　教務主任の仕事は誰のため？　何のため？　自分でその答えを見つけるしか，このやりとりは成立しません。

　まず,「誰のため？」。目の前の子どもたちのため？　保護者のため？　職場の先生のため？　地域の人たちのため？　家族のため？　結局，自分のため？

　次に,「何のため？」。日々の仕事をうまくやるため？　子どもたちが困らないため？　効率よく仕事を進めるため？　これまでにない最高の時間を確保するため？　目標を達成するため？　目標を達成させるため？　職場の先生方のため？　結局，自分のため？

　要するに，自分のためと設定すると，すべて自分に返ってくるわけで，おろそかな仕事をしている場合じゃないと自覚するわけです。

● 著者紹介

中條佳記

1977 年奈良県天理市生まれ。大阪育ち。愛知県瀬戸 SOLAN 小学校（2021 年 4 月開校予定）勤務。

お笑い教師同盟に所属し，教育サークル「奈良初等教育の会」元代表。

主な著書に『表ネタが通用しない場面へ投入！　学級づくり＆職員室の裏ネタ 45』『表ネタが通用しない場面へ投入！　授業づくりの裏ネタ 38 ＆使えるアイテムネタ 4』『CD-ROM 付き　授業や学級経営に生かせるフラッシュカードの作り方・使い方』『子どもの実感を引き出す授業の鉄板ネタ 54』『コピーして使える授業を盛り上げる教科別ワークシート集〈中学年〉』（共編著，以上，黎明書房）がある。なお，中村健一編著『子どもも先生も思いっきり笑える爆笑授業の作り方 72』『学級担任に必要な「フォロー」の技術』『新装版　めっちゃ楽しく学べる算数のネタ 73』『新装版　子どもが大喜びで先生もうれしい！　学校のはじめとおわりのネタ 108』（以上，黎明書房）に執筆協力。他，教育本，教育雑誌に執筆多数。

＊イラスト・さややん。

誰でもうまくいく！　教務主任の仕事術 41 ＋ α

2021 年 2 月 15 日　初版発行

著　者	中　條　佳　記	
発行者	武　馬　久仁裕	
印　刷	藤原印刷株式会社	
製　本	協栄製本工業株式会社	

発　行　所　　　　株式会社　黎　明　書　房

〒460-0002　名古屋市中区丸の内 3-6-27　EBS ビル　☎ 052-962-3045
FAX 052-951-9065　振替・00880-1-59001
〒101-0047　東京連絡所・千代田区内神田 1-4-9　松苗ビル 4 階
☎ 03-3268-3470

落丁本・乱丁本はお取替します。　　　　ISBN978-4-654-02348-6
Ⓒ Y. Nakajo 2021, Printed in Japan